세상을 바꾼 위대한 10대들

★ ★ ★

세상을 바꾼 위대한 10☆대들

라의눈

★머리말★

이 책을 읽을 10대에게 역사상 가장 중요한 인물을 말해보라고 하면 누구의 이름을 댈까? 아마도 여자보다 남자의 이름을 더 많이 생각해 낼 것이다. 사람들은 왜 하나같이 그렇게 생각할까? 여자가 중요한 일을 하지 않아서일까? 절대 그렇지 않다! 여자의 힘, 재능, 인내심은 세계 문화와 문명을 형성하는 데 중요한 역할을 해 왔다. 기록되고 가르쳐진 역사에서 여성들의 많은 이야기가 무시되었을 뿐이다.

다행히 근래에는 여성의 역사적 역할을 복원하는 방향으로 진보가 이루어지고 있다. 오늘날 역사책들은 예전보다 훨씬 더 여성들을 인정하고 있다. 따라서 오늘을 사는 10대 청소년이라면 내일의 역사책에 자신들의 이야기가 실릴 것이라 확신해도 좋다.

이 책에서 말하고 싶은 것은 여러분은 어른이 될 때까지 기다릴 필요가 없다는 사실이다. 이 책에 실린 10대들은 자신이 어리다고 포기하지 않았다. 세상을 바꾼다는 것이 꼭 유명해지거나 엄청난 부자가 되는 것을 뜻하지는 않는다. 여러분이 스스로 기회를 잡고, 자신을 변화시키고, 스스로 서고, 쏟아지는 비판을 무시하고, 다른 사람들에게 영감을 주고, 누군가의 마음에 감동을 준다면 그것이 바로 세상을 바꾸는 일이다.

우리는 이런 마음으로 이 책의 작업을 시작했다. 우리는 경탄할 만한 10대들의 역사를 복원하는 일에 참여했다는 사실에 자부심을 느낀다. 또한 우리의 작업을 통해 여러분이 자신의 꿈을 발견하고, 여러분 안에 내재된 힘을 믿게 되기를 소망한다.

훌륭한 10대 여자 청소년이 너무 많아서 책에서 다룰 대상을 정하기가 꽤 어려웠다. 역사상 기록이 남은 사례들, 혹은 스무 살이 되기 전에 중대한 일을 시작한 경우를 선택했고 국가, 시대, 성취의 다양성을 반영하도록 배려했다.

이 책의 주인공들은 지구 곳곳에서 출현했고, 각자 완전히 다른 방식으로 세상을 바꾸었다. 그들에겐 몇 가지 공통점이 있었다. 가난, 부족한 교육, 불우한 환경, 성차별, 억압적인 정부, 자기 불신 등의 장애물을 극복하고 자신의 꿈을 실현했다는 사실이다. 이 책의 주인공 누구도 쉬운 길을 가지 않았지만 결코 포기하지 않았다.

'스무 살'이라는 제한을 두어, 늦은 나이에 성취를 이룬 수천 명의 여성을 제외할 수밖에 없었다. 최초의 여성 우주인 발렌티나 테레쉬코바가 대표적이다. 여러분은 이 책에 소개된 주인공들이 특별한 성취를 이룬 수백만 명의 여자 청소년 중 일부임을 기억하길 바란다.

현시대를 살아가는 여러분이 꿈에 따라 살고, 열정에 따라 행동하며, 목표를 달성할 수 있다는 분명한 증거를 그들이 보여주고 있다. 우리는 이 책에 소개된 여성들의 삶이 여러분의 오늘에 큰 격려와 위안이 되길 바란다.

이제 여러분이 주인공이 될 차례다!

★차 례★

Chapter 2
불우한 환경과 장애에도 꺾이지 않은 10대들

Chapter 3
자기계발을 넘어 자기혁신을 이룬 10대들

Chapter 4
용기와 리더십으로 세상을 흔든 10대들

Girls Who Rocked the World

Girls Who
Rocked
the World

CHAPTER 1

낡은 틀을
깨고 날아오른
10대들

모두가 괴상망측하다 해도
쫄지 않아!

★ 마야 린 ★
MAYA LIN

1959년~ | 건축가 | 미국

★

　　　　　버Burr 교수님의 건축학 수업은
늘 흥미로웠지만, 마야는 가끔 딴생각을 했다. 오늘처럼 화창한 봄
날엔 더 그랬다. 그런데 갑자기 강의실 문이 열리더니 누군가 교수
님에게 쪽지를 건넸다. 교수님은 조금 놀란 표정이었다. 그는 헛기
침을 한 번 하더니 학생들에게 말했다.

　"베트남전 참전 군인을 위한 기념물 공모전의 당선작이 결정되
었군요."

　이번 학기 버 교수님의 수업을 듣는 학생들은 모두 베트남 참전
군인을 기리기 위해 워싱턴DC에 건립되는 국가 기념물 공모전에
디자인 작품을 출품했다. 작품 응모는 과제였을 뿐인데 왜 강의 시
간에 당선작을 발표한다는 걸까? 학생들은 어리둥절했다. 교수님
이 이어서 말했다.

　"당선자는 우리의 마야 린입니다!"

　교수님의 말에 한순간 교실이 조용해졌다. 마야는 대학 3학년
학생이었고 실제 건축 경험이 전혀 없었다. 과제로 작품을 내긴 했
지만 그 누구도 자신이나 친구들의 작품이 당선되리라 믿지 않았

다. 당연히 이름 있는 건축가들이 당선되리라 생각했다. 무엇보다 마야의 작품은 아주 낯설었다. 어디서도 본 적 없는 그런 것이었다. 버 교수님도 마야의 작품에 B학점을 주었다. 그런데 그 작품이 1,500개에 가까운 경쟁 작품을 물리치고 당선이 되었다.

교수님은 마야에게 다가가 "축하한다, 마야"라고 말했다. 분명 밝은 목소리였지만 실망감이 묻어 있었다. 버 교수 역시 공모전에 출품했던 것이다.

그날이 마야가 전문 건축가로서 경력을 시작한 첫날인 셈이다. 그 후 마야는 건축 작업을 계속했고, 미국 내에서 가장 독창적이고 사랑받는 기념물을 여러 개 디자인했다.

마야의 부모님은 1940년대 중국에서 미국으로 망명했다. 그녀의 어머니는 달랑 100달러짜리 지폐 1장만 품에 지닌 채 중국을 떠나야 했다. 미국에 도착한 마야의 부모님은 오하이오 대학에 일자리를 얻었다. 아버지는 회화과 교수, 어머니는 동양문학과 영문학 교수가 되었다. 오하이오주에 정착한 후 아들이 태어났고, 그다음에 딸 마야가 태어났다.

마야와 오빠는 대학 캠퍼스의 활기 넘치고 예술적인 분위기 속에서 성장했다. 마야는 여러 분야에 관심이 많았지만 유독 건축을 좋아했다. 그녀는 아버지 화실에서 나온 종이와 재료 부스러기들로 자기 방 안에 작은 마을을 만들며 시간을 보냈다.

고등학교를 졸업한 마야는 예일대학에 입학해 건축과 조각을 전공했다. 마야의 지도 교수는 전공을 하나만 선택하라고 조언했지만 마야는 그러지 않았다. 조각에서 배운 것이 건축에 도움이 되고, 건축에서 배운 것이 조각의 기술을 향상시켜 준다고 믿었기 때문이다. 마야는 이렇게 말한다.

"건축학은 소설 쓰기와 비슷해요. 방문 손잡이부터 세밀한 부분을 칠할 도료까지, 건물에 들어가는 모든 것이 중요하죠. 반면 조각은 시 쓰기와 같아요. 너무 많은 말을 하면 안 되니까요. 조각은 껍질을 벗겨낸 생각이에요."

지금까지도 마야는 조각 기법을 이용해 건축 디자인을 한다. 우선 작은 모형을 만들고, 그 모형들로부터 세부 그림을 만드는 방식이다.

대학 2학년 때 마야는 유럽으로 건너가 건축학을 공부했다. 그때 마야의 관심을 끈 것이 묘지였다. 유럽의 묘지들은 공원처럼 아름다웠다. 유럽 사람들은 죽은 이를 애도하기 위해서도 묘지에 가지만, 평화로운 환경을 즐기고 싶을 때도 묘지를 찾는다는 사실을 알게 된 것이다. 마야는 이렇게 설명한다.

"저는 늘 죽음에 호기심이 많았어요. 사람이 죽음과 관계 맺는 방식이 제 관심을 끌었던 거예요."

예일대로 돌아온 마야는 자신의 이런 생각을 수업 과제와 연결했다. 주어진 과제는 베트남전에서 사망한 군인들을 기리는 기념물 디자인이었다. 디자인의 조건은 두 가지뿐이었다. 전쟁 중에 사망하거나 실종된 병사 5만 8천 명의 이름이 포함되어야 한다는 것, 그리고 주변 경관과 조화를 이뤄야 한다는 것이다. 공모작 심사위원회는 베트남 전쟁이 미국에 남긴 상처를 치유하는 일에 도움이 되기를 바랐다.

작품 구상을 하기 전에 마야는 건축물이 놓일 헌법정원 Constitution Gardens 주변을 걸으며 설치될 장소를 꼼꼼히 살펴보았다. 마야는 스스로에게 이렇게 물었다.

"어떻게 해야 전사한 병사들의 가족이 슬픔을 극복하고, 미국인들이 전쟁의 상처를 치유할 수 있을까?"

마야의 결론은 사람들이 고통을 직시하고, 상실을 받아들이며, 사랑했던 사람들을 자랑스러워할 수 있도록 해야 한다는 것이었다. 마야가 제출한 디자인은 130도의 각도로 벌어진 두 개의 길고 검은 화강암 벽이 중간에서 만나는 것이었다. 그것은 삼각형의 두 변처럼 보이기도 했다.

검고 매끄러운 화강암 벽에 전사한 병사들의 이름을 새기고, 그 벽은 빛을 반사해 참배하는 사람들의 모습이 비칠 수 있도록 디자인했다. 다시 말해, 병사들의 이름을 보는 행위와 동시에 참배객들이 자신을 성찰하게 만든 것이다. 워싱턴DC의 기념물 대부분이 사람의 실물을 본뜬 조각상이란 사실을 떠올리면, 마야의 디자인은 분명 특별했다.

하지만 마야의 디자인은 이내 논란에 휩싸였다. 베트남 전쟁에 대해 미국인들은 상반된 정서를 가지고 있었다. 전쟁과 상실의 의미를 생각하게 하는 마야의 디자인을 좋아하는 사람도 있었지만, 애국적인 전쟁 기념물이 갖춰야 할 모습에서 벗어났다고 비난하는 사람도 많았다. 시카고 트리뷴지는 그녀의 디자인이 '괴상망측하다'라고 평했고, 뉴욕타임스는 '수치스러운 검은 상처'라고까지 폄하했다.

워싱턴의 정치인들도 마야의 작품에 반대하는 발언을 시작했다. 그들은 마야의 독특한 관점을 좋아하지 않았다. 그들의 가장 큰 불만은 워싱턴의 다른 기념물들이 모두 흰색인데 이 작품만 검은색이라는 데 있었다. 그들은 마야에게까지 비판의 화살을 돌렸다. 베트남에서 싸워 보지도 않은 젊은 여자가 어떻게 전쟁의 의미를 이해하겠냐는 식이었다.

이런 갈등 속에서도 마야는 자신의 디자인을 바꾸기를 거부했다. 일단 그 기념물이 건립되고 나면 대중들도 이해할 것이라 믿었기 때문이다. 얼마 안 있어, 마야가 원치 않았지만 타협이 이루어졌다. 그녀의 작품이 설치될 부지 근처에 두 번째 기념물을 조성한다는 안이었다. 프레데릭 하트라는 유명 조각가는 20만 달러라는 디자인료를 받고 전통적인 병사 3명의 조각상을 만들었다. 마야가 받은 디자인료는 고작 2만 달러였는데 말이다.

1982년 모습을 드러낸 마야의 작품은 엄청난 관심을 불러일으켰고, 비판하던 사람들은 입을 다물었다. 마침내 미국은 베트남 전쟁 이후 30여 년 동안 풀리지 않던 분노와 슬픔을 치유할 구심점을 갖게 되었다. 방문객이 자신의 모습을 지켜보게 만든 마야의 작품은 억눌렀던 감정에 대처하도록 용기를 주었고, 슬픔에 젖은 사람들에게 위로가 되었다.

방문객들은 사랑하는 이의 이름 아래 꽃과 기념품을 놓았고, 벽에 새겨진 이름을 탁본하여 가져가기도 했다. 공모작 심사위원회는 이 기념물에 대해 이렇게 칭송했다.

"이 탁월한 디자인은 전쟁 기념물을 인식하는 방식을 바꿔놓았다."

1988년 마야는 디자인 대통령상을 받았다. 하지만 그녀에겐 자신의 작품이 미국에서 가장 많은 사람들이 방문하는 기념물이 되었다는 사실이 더 중요했다.

이후 마야는 다시는 기념물을 디자인하지 않겠다고 선언했다. 엄청난 논란에 질려버렸기 때문이다. 하지만 인권운동 기념물을 디자인해 달라는 부탁은 차마 거절할 수 없었다. 로자 파크스와 마틴 루터 킹 주니어 목사로부터 잊힌 영웅까지, 1950년대와 1960년대 인권과 평등을 위해 싸웠던 사람들을 기리기 위한 것이었다. 마야는 혁신적 디자인을 찾기 위해 역사책을 뒤지고 킹 목사의 연설을 연구했다.

마야는 검은색 화강암 벽에 킹 목사의 연설문 일부를 새기고,

얇은 물줄기가 그 벽을 타고 흘러내리도록 디자인했다. 벽에서 흘러나온 물은 연못으로 들어간다. 벽 앞에는 원반 모양의 커다란 검은색 화강암에 학교 분리법 폐지부터 킹 목사 암살까지 인권운동의 역사가 적혀 있다.

마야는 건축 일을 계속했고, 많은 기념물과 공공 조각물을 디자인했다. 그녀의 디자인은 보는 사람이나 공간을 압도하지 않는다. 작품이 원하는 바가 설교나 설득이 아니라 공감이라고 생각하기 때문이다. 그녀는 사람들이 자신의 작품 앞에 멈춰 서서 생각하게 만들고 싶어 했다. 마야는 세상에 평화와 화해를 상징하는 흔적들을 남기는 데 성공했다.

세상이 강요한 베일을 벗어 던지다

★ 라우파 하산 알-샤르키 ★
RAUFA HASSAN

1958~2011년 | 언론인, 시민운동가 | 예멘

★

1975년, 예멘이란 나라에 텔레비전 방송이 시작되었다. 그런데 첫 번째 텔레비전 프로그램에 출연한 사람은 '라우파 하산'이라는 이름으로 알려진 열일곱 살 소녀였다. 그녀는 열두 살 때부터 라디오 방송으로 이름이 알려진 스타였다. 이제 그녀의 목소리뿐 아니라 모습이 텔레비전을 통해 온 나라에 알려질 참이었다.

드디어 방송이 시작되었다. 대중들은 그들이 열광하는 스타가 어떤 모습인지 지켜보았고, 엄청난 충격에 휩싸였다. 그녀가 베일을 쓰고 있지 않았기 때문이다. 라우파의 가족이나 친구들도 놀라기는 마찬가지였다.

예멘은 이슬람 국가이고, 이슬람 국가의 여성들은 공공장소에서 반드시 베일을 써야 한다. 그런데 사실 그녀는 이전에 라디오 방송을 진행할 때도 베일을 쓰지 않았다. 베일이 목소리를 전달하는 데 방해가 되었기 때문이다.

라우파는 그 사실을 아무도 모르게 했다. 많은 사람으로부터 비난과 공격을 받을 것이 뻔했기 때문이다. 라우파가 5년간 라디오 방송을 하는 동안, 그 사실을 아는 것은 담당 PD와 엔지니어뿐이었다. 그리고 라우파의 마음속에서 베일을 쓰는 일에 대한 거부감이 점점 커지고 있었다.

라우파는 고등학교를 졸업한 후, 가족의 반대를 무릅쓰고 이집트의 카이로대학에 입학했다. 이슬람 전통이 덜 엄격한 이집트에서 대학을 다니면서, 라우파는 베일이 여성을 억압하고 차별하기 위한 상징이라고 확신하게 되었다. 예멘에 돌아와서도 라우파는 더 이상 베일을 쓰지 않았다. 가족과 친구들은 라우파의 이런 행동에 충격을 받았고, 급기야 라우파가 베일을 쓰지 않은 채 TV에 출연하자 경악을 금치 못했다.

라우파의 신념은 '베일을 쓸 것인가, 말 것인가'라는 행동으로 드러난다. 그녀는 베일을 쓰지 않음으로써 자신이 독립적인 존재임을 주장했고, 이슬람 국가들에서 여성의 권리를 지키려는 운동을 촉발시켰다. 그 후에도 라우파는 자신의 신념을 굳게 지켰다.

라우파 하산, 그녀의 본명은 아마탈라우프 알-샤르키였다. 그녀는 1958년 북예멘에서 태어나 6학년 때부터 대중매체에서 일하기 시작했다. 어린이를 위한 라디오 쇼에서 노래를 부른 것이 그녀의 첫 번째 일이었다. 그리고 얼마 안 있어 그녀는 더 큰 일을 맡게 되었다. 어느 날 한 방송 진행자가 펑크를 냈고, 아마탈라우프는 그를 대신해 프로그램을 진행했다. 겨우 열두 살 소녀라는 것이 믿어지지 않을 정도로 훌륭한 진행 솜씨였다. 방송국은 당장 그녀의 이름을 딴 프로그램을 만들자고 제안했다.

아마탈라우프는 방송 일을 하게 된 것이 기뻤지만 아버지가 걱정이었다. 자신의 딸이 공개적으로 방송을 진행하는 것을 남부끄럽게 여겨 결사반대할 것이 확실했기 때문이다. 그녀는 방법을 찾아냈다. 방송용 이름을 만들어서 아무도 모르게 방송을 하기로 한 것이다. 라디오 방송이었기에 가능한 일이었다. 그 후 아마탈라우프는 '라우파 하산'이란 이름으로 대중들에게 알려졌다.

라우파는 학교 수업이 끝나면 매일 방송국으로 출근해 자신의 방송분을 녹음했다. 그녀의 계획은 순조롭게 진행되었다. 그런데 6개월쯤이 지난 후, 한 아나운서가 방송 중에 실수로 그녀의 본명을 부르고 말았다. 라우파의 정체가 밝혀진 것이다. 라우파의 아버지는 당장 방송을 그만두라고 펄쩍 뛰었지만, 라우파의 엄청난 설득에 결국 그녀의 일을 인정했다.

라우파가 진행하는 방송은 다른 방송들과 확연히 달랐다. 3년 동안 라우파는 가족 문제에 집중했다. 다른 방송들은 가족을 위한 여성의 희생 같은 주제를 다루었지만, 라우파는 가정 내에서의 남녀평등을 강조했다. 이후 몇 년 동안 라우파는 여성 운동에 깊이 관여하면서 여성들이 권리를 찾는 일에 앞장섰다.

열다섯 살이 된 라우파는 세 명의 친구와 함께 예멘의 여성들에게 글을 읽고 쓰는 것을 가르치기 위한 학교를 만들었다. 이는 엄청나게 중요한 사건이었다. 당시 예멘 여성의 70퍼센트 이상이 글을 읽지 못했기 때문이다. 라우파는 예멘 군대 열병식에 참석해 사람들에게 큰 충격을 주기도 했다. 라우파와 여성 동지들은 3주 동안 대오를 갖추고 걷는 법과 총을 메고 걷는 법 등을 훈련했다. 그녀들은 혁명의 날 기념식에 참가한 최초의 여성이었다.

라우파는 영국 노리치대학에서 언론학 석사를, 파리대학에서 박사학위를 받았다. 그 후 교수로 일하면서 여성 권리 증진을 위한 많은 활동을 주도하다가, 2011년 카이로의 병원에서 눈을 감았다. 그녀는 예멘의 여성들에게 더 많은 권리를 주려고 애썼고 상당한 진전을 이뤘지만, 예멘 여성들의 앞날은 아직도 험난하다. 오늘날에도 예멘의 소녀들은 현모양처를 꿈꾸고 더 많은 아이를 낳는 것을 기쁨으로 알도록 강요받고 있다.

라우파는 여성 권리 증진이라는 큰 뜻을 위해 일생을 바침으로써, 아랍 세계에서 가장 중요하고 영향력 있는 인물 중 하나가 되었다. 그녀는 여성의 선택을 억누르는 관습에 도전했고, 여성이 할 수 있는 일에 한계가 없음을 보여주었다.

우주를 사랑한 소녀, 행성의 비밀을 밝히다

★ 아드리애나 오캄포 ★
ADRIANA OCAMPO

1955년~ | 행성 지질학자 | 콜롬비아, 아르헨티나, 미국

아드리아나는 친구들과 함께 관람석에 앉아 있었다. 주변에는 50만 명이 넘는 관중들이 앞으로 일어날 엄청난 사건을 기다리고 있었다. 바로 아폴로 17호의 발사였다. 아폴로 17호는 달에 사람을 보내려는 여섯 번째 시도이자 마지막 계획이었다. 아드리아나는 '우주탐사포스트 509(캘리포니아주의 10대들을 위한 우주항공공학 클럽)'의 회원 자격으로, 이 장관을 직접 보기 위해 먼 길을 여행했다.

발사는 오후 9시 53분에 예정되어 있었지만, 발사 30초 전에 엔진이 꺼져버렸다. 군중들은 불안해하며 다음 발사 예정 시각까지 두 시간 넘게 기다려야 할 형편이었다. 아폴로 17호의 발사가 이대로 취소되는 것은 아닌지 초조해하고 있을 때, 엔진이 우르릉 소리를 내며 살아났다. 자정을 30분쯤 넘긴 시각, 우주선은 힘차게 땅을 울리며 하늘로 치솟았고, 밤하늘에 대낮처럼 환한 불기둥을 만들었다.

아드리아나는 아폴로 17호의 궤적을 눈으로 따라가며, 예전부터 수없이 했던 생각을 다시 떠올렸다. '지구의 대기권 밖에는 무엇이 있을까? 다른 행성들은 어떤 모습일까? 행성들은 무엇으로 만들어졌을까? 행성들에는 고유한 생명체가 존재할까?' 아드리아나는 아폴로 17호가 어두운 허공으로 사라지는 것을 바라보며, 평생 우주 과학을 탐구하겠노라고 결심했다.

아드리아나 오캄포는 1955년 남아메리카 콜롬비아에서 태어났다. 아드리아나가 태어나고 1년도 안 되어 가족은 아르헨티나로 이주했고, 아드리아나가 열네 살이 될 때까지 그곳에서 살았다. 어린 아드리아나는 하늘의 별을 바라보는 것을 좋아했고, 지구 밖으로의 여행을 꿈꿨다.

1969년 7월 20일, 아드리아나와 그녀의 가족, 이웃 모두가 TV 앞에 모였다. 인류 최초의 달 착륙 장면을 지켜보기 위해서였다. 아드리아나는 TV 영상에 완전히 마음을 뺏겼다. 그리고 그해 12월 아드리아나의 가족은 미국 캘리포니아주 남부로 이주했다.

그곳에서 아드리아나는 우주를 탐구할 많은 기회를 얻었다. 먼저 캘리포니아로 이사한 지 얼마 안 되어 '우주탐사포스트 509'에 가입했다. 그 클럽은 로봇과 회로기판, 로켓과 기상위성에 걸친 연구와 프로젝트를 수행했다. 로스앤젤레스 근처에는 나사의 제트추진연구소JPL가 있었는데 아드리아나는 고등학교 1학년 때 이 연구소에서 아르바이트를 했고, 고등학교 졸업 후에는 대학에서 공부하면서 연구소의 프로젝트를 이어 나갔다.

아드리아나가 열아홉 살일 때, 제트추진연구소 측을 설득해 포스트 509의 친구들과 추진 중이던 기상위성 프로젝트의 연구비를 지원받기도 했다. 아이디어와 기획력으로 치열하게 경쟁해 이뤄낸 성과였다.

대학을 졸업한 후, 아드리아나는 제트추진연구소에서 정규 직원으로 일하며 여러 가지 획기적인 프로젝트에 참여했다. 그녀가 초기에 맡았던 임무는 '바이킹 프로젝트'로 얻은 화성의 영상을 분석하는 것이었다. 바이킹 프로젝트는 화성의 토지와 대기가 어떻게 구성되었는지 밝히고 생명체의 증거를 찾는 것이 목표였다.

이후에는 화성의 구성 성분을 추가로 알아내고 과학자들이 더 정밀한 화성 지도를 개발할 수 있도록 열 감지 장치를 운영했다. 아드리아나는 다양한 프로젝트에 참여했지만 특별히 화성에 관심이 많았다.

그녀는 다른 행성들을 연구하는 임무에도 참여했다. 두 대의 보이저 우주선을 토성으로 보내는 일을 했고, 천왕성과 해왕성 등에 대해서도 연구했다. '갈릴레오 프로젝트'를 통해서는 목성과 목성이 위성들을 연구했다. 아드리아나는 목성의 위성 중 하나인 유로파에 주목했다.

영상을 분석한 결과, 유로파의 얼음 덮인 표면이 한때는 바다였을 가능성이 높으며 어쩌면 표면의 얼어붙은 층 아래에 지금도 바다가 존재할 가능성이 제기되었기 때문이다. 이 발견에 놀란 과학자들은 유로파 궤도를 돌던 갈릴레오 우주선의 항로를 수정해 목성의 대기권에 진입하도록 했다. 우주선이 목성 대기권에 진입하면 파괴될 수 있다는 사실을 알면서도 과학자들이 그런 결정을 내린 것은, 혹시나 존재할지도 모르는 유로파의 물이 지구에서 만든 물질로 오염되는 것을 막기 위해서였다.

지구의 지질에도 관심이 많았던 아드리아나는 1988년 이 분야에서도 깜짝 놀랄 만한 발견을 했다. 멕시코의 유카탄반도 인근에서 발견되는 우물 모양의 지형인 세노테cenotes다. 그녀는 세노테가 아주 오래전, 소행성이 지구에 충돌해서 생긴 거대한 충돌 분화구일 가능성이 있다고 생각했다.

아드리아나와 과학자들은 이 가설에 대해 더 자세히 검토했고 이제는 많은 과학자들이 공룡시대 말기인 6,500만 년 전, 거대한 소행성이 충돌한 흔적이라고 믿게 되었다. 또한 이 충돌로 인해 공룡이 멸종되었다고 생각한다.

거대한 소행성이 지상에 충돌하며 불이 나고 지진과 거대한 해일이 발생해서, 대기 속으로 흙과 먼지, 수증기와 연기가 뿜어져 나왔다는 것이다. 과학자들의 이론에 따르면, 충돌의 여파로 지구는 오랫동안 차가운 상태로 지냈고 수많은 생물이 지상에서 사라졌다. 소행성이 충돌했다고 생각되는 지점을 칙술루브Chicxulub 분화구, 혹은 '파멸의 분화구'라 부른다.

아드리아나는 행성 지질학에 있어 선구자적인 작업을 지속하면서, 한편으로는 젊은이들이 과학을 탐구할 수 있도록 격려하는 일과 전 세계의 과학자들이 협력하는 일에도 힘을 쏟았다. 1990년대 초 아드리아나는 미국 우주학술회의를 조직해서, 여러 나라에서 모인 사람들에게 우주 과학에 관해 토론하고 배울 기회를 제공했다.

아드리아나는 빛나는 업적으로 유명해졌고, 많은 영예를 얻었다. 2003년에는 디스커버리지에 의해 과학계의 가장 중요한 여성 50인 중 한 명으로 선정되었다. 과학자로서, 그리고 자신의 열정을 공유하길 원하는 사람으로서 그녀가 성공할 수 있었던 것은 상상력과 도전정신 덕분이다. 어린 시절의 꿈을 놓치지 않고 평생을 헌신함으로써 그녀는 찬탄과 존경의 대상이 되었다.

················· 지금 세상을 바꾸고 있는 10대 ·············

리 보인튼
Li Boynton

리는 초등학교 5학년 때부터 발명을 했다. 그녀는 바닷물에서 소금을 제거해 식수로 만들 수 있는 기계를 발명했다. 고등학교 1학년 때는 발광 박테리아를 이용해 물의 오염도를 측정하는 방법을 개발했다. 이 방법은 비용이 아주 적게 들기 때문에 전 세계의 개발도상국이 혜택을 볼 수 있을 것이다. 리는 오염된 물을 먹고 사망하는 사람들이 더 이상 발생하지 않게 하겠다는 희망을 품고 있다.

'청소년 문학'이란 장르를 창조하다

★ S. E. 힌튼 ★
S. E. HINTON

1948년~ | 소설가 | 미국

수잔은 아직도 자신의 소설이 영화화된다는 사실이 실감 나지 않았다. 하지만 지금 그녀의 눈앞에서 배우 맷 딜런이 자신의 소설 '텍스'의 한 장면을 연기하고 있다. 수잔의 10대 팬들은 영화 제작사에 줄기차게 편지를 보내서 수잔의 소설을 영화로 만들어 달라고 요청했고, 마침내 할리우드가 그 소원을 들어주었다.

'럼블 피시', '그건 그때고, 지금은 지금이야' 등의 영화가 뒤를 이었다. 그리고 수잔의 가장 유명한 소설 '아웃사이더'도 영화화되었다. '아웃사이더'는 프랜시스 포드 코폴라 감독이 연출하고 맷 딜런, 에밀리오 에스테베즈, 패트릭 스웨이지, 톰 크루즈 등 유명 배우들이 참여했다. 수잔은 자신의 작품을 영화화하는 과정에 깊이 관여한다고 전해진다. 첫 소설 '아웃사이더'를 쓸 때, 수잔은 그 책이 10대를 위한 소설 중 가장 유명한 소설이 되고 영화로 만들어질 것이라고는 상상도 못 했다.

수잔 엘로이즈 힌튼은 1948년 오클라호마주 털사에서 태어났다. 그녀는 어릴 때부터 책 읽기를 좋아했고 작가를 꿈꿨다. 그녀가 고등학생이 되고 얼마 안 있어, 아버지가 세상을 떠났다. 수잔은 아버지와 각별한 사이였는데, 아버지의 병세가 나빠질수록 수잔은 점점 더 글쓰기에 빠져들었다.

수잔은 고등학교 시절 '아웃사이더'를 집필했다. 겨우 열다섯 살때 초고를 쓰기 시작했고, 1967년 소설이 출판될 때까지 네 번을 고쳐 썼다. 그리고 열아홉 살 수잔은 하룻밤 사이에 성공한 사람이 되었다. 그런데 여기에 놀라운 에피소드가 하나 있다. '아웃사이더'가 출간된 그해, 수잔은 창조적 글쓰기 과목에서 D학점을 받았다는 것이다!

어쨌든 그녀의 소설은 당시에는 아무도 관심을 갖지 않던, 10대들이 겪고 있는 삶의 현실을 있는 그대로 담아냈다. 일부는 이 소설이 지나치게 폭력적이라고 비판했지만, 대부분은 10대의 갈등을 사실적으로 그려냈다고 호평했다. '아웃사이더'는 소셜들(부유한 가정의 자녀들을 말함–역주)과 싸우면서 세상에서 자신의 자리를 찾기 위해 몸부림치는 주인공 '포니보이 커티스'와 그의 '그리저(빈민촌 아이들–역주)' 친구들 이야기다. 수잔은 자신이 고향 마을에서 실제로 목격한 경험들로부터 영감을 얻었다고 한다. 그녀는 친구들이 서로를 집안 형편과 외모로만 판단하는 것을 보고 안타까워했다.

수잔의 소설은 출간 즉시 10대들의 인기를 얻었고, 비평가들의 극찬이 이어졌다. 하지만 어린 나이에 얻은 성공은 그녀에게 큰 압

박으로 작용했고, 수잔은 몇 년 동안 '작가의 벽'이라 불리는 슬럼프를 겪어야 했다. 그녀는 '아웃사이더'가 어쩌다 얻어걸린 요행은 아니었을까, 스스로 의심하기 시작했다. 하지만 3년 후 수잔은 다시 소설을 쓰기 시작했다.

1971년 털사대학에서 교육학 학위를 받은 후, 수잔은 자신의 세 번째 소설을 출간했다. '그건 그때고, 지금은 지금이야'라는 제목의 이 소설 역시 10대의 갈등, 폭력, 문제 가정을 소재로 한 것이다. 수잔은 이 주제로 작업을 이어갔고, 이후 '럼블피시', '텍스', '스타 러너 길들이기'를 발표했다. 수잔의 소설 모두가 독자들로부터 큰 호응을 얻었고, 그중 4개가 영화로 만들어져 히트를 기록했다.

그런데 영화화된 4개 작품 모두, 주인공 소년이 일인칭 시점에서 이야기를 풀어 가는 형식이었다. 수잔은 소년의 입장에서 글을 쓰는 것이 더 편했다고 한다. 아마도 수잔이 성장하는 동안 가깝게 지낸 친구들이 소년들이었기 때문일지도 모르겠다.

수잔은 '아웃사이더'를 출간할 때, 자신이 여자아이란 사실을 밝히기 싫어서 '수잔 엘로이드'란 이름 대신 필명 S. E.를 사용했다. 여자아이가 아이를 학대하는 부모나 갱, 소년의 관점에서 느끼는 또래들의 압박 같은 것을 그렇게 사실적으로 묘사했다고 믿지 못할 거라 여겼기 때문이다.

지금도 매년 수백만의 10대들이 수잔의 소설을 읽고 있다. 수잔은 어린이책을 쓰기도 했다. 1990년대 중반에 수잔의 그림책 '큰 데이비드, 작은 데이비드'와 '강아지 여동생'이 출간됐다. 수잔의 책들은 셀 수 없이 많은 상을 받았다. 또한 청소년에게 긍정적 영향을 미쳤다는 평가를 받아, 마거릿 에드워즈 상의 첫 수상자가 되기도 했다. 그녀는 10대들의 갈등과 관심사를 사실적으로 그려낸 최초의 작가였다. 그녀의 도전은 '청소년 문학'이란 장르를 만들었고 그 안에서 지속적인 영향력을 발휘하고 있다.

베이브 루스를 스트라이크 아웃시킨 소녀

★ 재키 미첼 ★

JACKIE MITCHELL

1914~1987년 | 야구선수 | 미국

★

재키는 스파이크화를 신은 발로 투수 마운드를 긁어 땅을 다지며 타자를 힐끗 쳐다보았다. 타자석에서 베이브 루스가 모자챙을 만지며 재키를 바라보고 있었다. 재키는 생각했다.

'과연 내가 할 수 있을까? 홈런왕이라고 불리는 메이저리그 최고의 타자를 내가 스트라이크 아웃으로 잡을 수 있을까?'

관중석에서는 웃음소리가 퍼지고 있었다. 최고의 야구 영웅과 이름 없는 열일곱 살 소녀의 대결이 우스꽝스러웠기 때문일 것이다. 야유를 하는 사람도 있었지만 재키는 당황하지 않았다. 그녀는 자신의 왼팔로 스트라이크 아웃시킨 선수들을 떠올렸다. 희생자는 대부분 남자였다.

베이브 루스는 웃음기 머금은 얼굴이었다. 마치 이렇게 말하는 듯했다.

"던져봐, 꼬맹아. 네 실력 좀 보자."

그녀는 몸을 뒤로 젖혀 와인드업한 다음 공을 뿌렸다. 베이브는 배트를 휘둘렀지만 공은 홈 플레이트 바로 앞에서 가라앉았다. 싱

39

커였다.

"스트-라이크 원!"

베이브의 눈이 휘둥그레졌고 관중들이 술렁이기 시작했다. "뭐, 스트라이크라고? 여자아이가 던진 공이 스트라이크가 됐다고?" 베이브는 배트를 잡은 손에 힘을 주었다. 입가에 떠올랐던 웃음기는 어느새 사라졌다. 다음 공 두 개는 볼이었다. 볼이 두 개째 들어가자 관중들은 다시 웃기 시작했다. 첫 번째 스트라이크는 어쩌다 들어간 것이라고 생각하는 듯했다. 베이브도 웃음을 떠뜨렸다. 재키가 네 번째 공을 던졌고 베이브는 다시 헛스윙을 했다. 이번에도 싱커였다.

"스트라이크 투!"

약이 오른 베이브가 재키를 노려보았다. 재키는 베이브가 다음 공도 싱커가 들어올 것이라 생각한다는 것을 눈치챘다. 이번에 그녀는 싱커 대신 홈 플레이트에 살짝 걸치는 직구를 던졌다. 베이브는 타격을 하지 않고 공을 흘려보냈다. 볼이라고 확신한 것이다.

"스트-라이크 아웃!"

관중석에선 난리가 났다. 4,000여 명의 관중이 함성을 지르며 재키를 연호했다.

"재키! 재키! 재키!"

그녀가 해냈다. 무명의 소녀가 슈퍼스타를 스트라이크 아웃으로 잡은 것이다. 베이브는 홈 플레이트를 발로 걸어차며 주심에게 뭐라고 불만을 말하더니, 방망이를 집어던지고 더그아웃으로 들어 갔다. 재키는 미소 지으며 이 역사적인 순간을 만끽했다.

1914년 재키 미첼은 몸무게 1.6킬로그램의 약하고 작은 아이로 태어났다. 하지만 체격이나 성별이 그녀의 열정을 가로막지는 못 했다. 재키의 아버지는 그녀가 걸음마를 시작할 때부터 야구장에 데리고 다녔고 조금 더 크자 야구를 가르쳤다. 그녀는 야구를 잘했 다. 잘해도 너무 잘했다.

재키의 이웃 중에 '대지 벤스'라는 마이너리그 야구선수가 있었 다. 그는 어린 재키의 재능이 남다르다는 것을 알아챘다. 재키가 다섯 살이 됐을 때, 그는 홈 플레이트 바로 앞에서 뚝 떨어지는 커 브볼의 일종인 '드롭'을 가르쳤다. 그가 제일 좋아한 구질이기도 했 던 드롭은 던지기도 어려웠지만 타자가 맞히기도 어려웠다. 재키 는 얼마 안 있어 드롭을 익혔고 동네 야구계의 스타가 되었다.

당시에도 여자 야구선수가 있었지만, 남자 선수들과 함께 뛰 지는 못했다. 전원 여성으로 구성된 '블루머 걸스'가 지방 야구 팀, 세미 프로팀, 마이너리그의 남자 야구팀과 경기를 벌이며 미 국 전역을 돌기도 했다. 하지만 그것은 일종의 이벤트였다. 여자 선수는 메이저리그, 아니 마이너리그의 어떤 야구팀에도 들어갈 수 없었다.

재키는 이런 상황이 불만이었다. 열여섯 살이 된 재키는 테네시주 채터누가에 있는 여자 야구팀에서 선수로 뛰었고, 다음해에는 메이저리그 투수였던 '키드 엘버펠드'가 운영하는 최고의 야구 캠프에 초대받았다. 재키는 그 캠프에 참가한 선수 중 유일한 여자였다. 키드 역시 재키의 잠재력을 알아보고 재키의 훈련을 도와주었다.

재키가 꽤 던진다는 소문은 금세 퍼져나갔다. 소문을 들은 전직 프로야구 투수 '조 엥겔'이 그녀를 스카우트하러 왔다. 자신이 소유한 '채터누가 룩아웃츠' 팀에 입단을 제안한 것이다. 재키가 계약서에 서명한 순간, 그녀는 미국 야구 역사상 마이너리그 야구팀에 입단한 두 번째 여성이 되었다(첫 번째 여성은 '리지 머피'이다—역주).

그리고 며칠 후에 재키의 소속팀과 뉴욕 양키스팀이 시범 경기를 갖게 되었다. 시범 경기는 메이저리그 선수들이 정규 시즌에 들어가기 전에 경기 감각을 유지하기 위해, 혹은 작은 도시에 사는 사람들에게 스타 선수들의 모습을 보여주기 위해 열리곤 한다. 그러니 룩아웃츠 팀에 별다른 기대를 하는 사람들은 없었다.

재키는 자신의 팀 선발 투수가 2루타와 안타를 연속해서 맞고, 양키스에게 1-0으로 끌려가는 상황을 더그아웃에서 지켜보고 있었다. 세 번째 타자는 베이브 루스였다. 당시 베이브 루스는 타격과 홈런에서 세계 최고 기록 보유자였다. 감독이 재키에게 손짓했다. 투수 교체였다.

재키가 다섯 개의 투구로 홈런왕 베이브 루스를 스트라이크 아웃시키자 모두가 말을 잃었다. 일부 팬들은 몰래 카메라라고 생각했다. 만약 그렇다면 베이브 루스는 엄청난 배우일 것이다. 주심에게 욕설을 퍼붓고 짜증을 내며 타석을 떠나는 완벽한 연기를 했으니까.

다음 타자는 '루 게릭'이었다. 그는 베이브 루스 다음의 타격 기록을 갖고 있는 강타자였다. 재키는 자신의 실력을 증명할 수 있을까? 아니면 요행은 한 번으로 끝날 것인가? 관중들은 숨을 죽였다.

재키는 세 개의 공을 던졌고 루 게릭도 단 세 번 스윙을 했다. 또다시 스트라이크 아웃이었다. 메이저리그 최강 타자 2명을 연속 스트라이크 아웃으로 잡은 것이다. 4천여 팬들이 모두 자리에서 일어나 재키에게 기립박수를 보냈다. 박수는 몇 분 동안이나 계속되었다.

재키가 양키스를 상대한 이 경기는 전 세계적으로 화제를 불러일으켰다. 수십 개의 신문과 잡지에 재키의 사진이 실렸고, 그녀가 스트라이크를 잡는 영상이 미국 전역의 극장에서 상영되었다. 재키는 엄청난 양의 팬레터를 받았는데, 그중엔 주소 대신 '베이브 루스를 스트라이크 아웃으로 잡은 소녀에게'라고만 적힌 편지도 있었다고 한다.

팬들은 그녀가 승승장구할 것이라 생각했지만 예상 밖의 상황이 벌어졌다. 미국 프로야구위원회가 재키와 룩아웃츠 팀과의 계약을 무효로 판정한 것이다. 야구가 여성과 맞지 않는다는 이유에서였다. 겉으로는 그런 이유를 내세웠지만, 또 다른 소녀가 메이저리그의 스타를 당황스럽게 만들지 않기를 바라서일지도 모르겠다.

그 후 재키는 마이너리그에서 몇 년 더 뛰었지만 데뷔전과 달리 조용하게 지냈다. 월드시리즈에 서고 싶다는 꿈은 이루어지지 않은 채, 그녀는 스물세 살의 나이에 은퇴했다. 1952년 메이저리그 사무국은 공식적으로 여성이 선수로 뛰는 것을 금지했고, 현재까지 메이저리그에서 뛰는 여자 선수는 없다.

만약 프로야구에 성차별이 없었다면 재키는 어떤 기록을 남겼을까? 월드시리즈에 참가할 수 있었을까? 그녀가 베이브 루스만큼 유명해졌을까? 결코 알 수 없지만, 우리가 아는 것도 있다. 재키의 이야기가 다음 세대의 여성 선수들에게 용기를 불어넣어 주었다는 것 말이다. 오늘날 리틀 리그에는 소년들을 상대로 야구 경기를 하는 소녀들이 있고, 그녀들은 '베이브 루스를 스트라이크 아웃시킨 소녀'를 꿈꾸고 있다.

패션의 무게로부터 여성을 해방시키다

★ 코코 샤넬 ★
COCO CHANEL

1883~1971년 | 패션 디자이너 | 프랑스

가브리엘은 조심조심 계단을 내려왔다. 주름 장식이 많은 보랏빛 벨벳 드레스는 길고 무거웠기 때문에 발을 헛디딜까 봐 무서웠다. 그녀는 졸업식 행사까지 기다릴 수 없었다. 자신이 직접 디자인한 드레스를 보고 친구들은 과연 어떤 표정을 지을까? 그런데 그녀의 드레스를 처음 본 사람은 친구들이 아니라 그녀의 작은어머니였다.

"어머나, 정말 끔찍하구나! 보라색은 너에게 정말 안 어울려. 주름과 깃털에 가려 얼굴도 안 보일 지경이야."

가브리엘은 울음을 터뜨렸고, 높은 구두를 신은 상태에서 할 수 있는 가장 빠른 속도로 집 밖으로 뛰쳐나갔다. 가브리엘은 작은어머니가 미웠지만 마음속으로는 그녀가 옳다는 걸 알고 있었다. 그녀에겐 사치스러운 드레스가 어울리지 않았고, 그런 드레스를 입고서는 아무 일도 할 수 없을 것이다.

코코란 이름은 그녀가 카바레에서 부르던 노래에서 따온 것이다. 노래 제목은 '누구 코코 본 사람 있어요Qui qu'a vu Coco?'인데 잃

46

어버린 강아지 코코를 찾는 내용이다. 그 후 가브리엘은 코코 샤넬이란 이름으로 유명해졌고, 샤넬이란 이름은 상류사회와 우아함의 상징이 되었다.

코코 샤넬은 자신의 어린 시절에 대해 일절 말하지 않았다. 그녀의 상류사회 고객 중에 그녀가 프랑스의 시골 마을에서 자랐다는 사실을 아는 사람은 거의 없었다. 집은 가난했고, 어머니는 코코가 어렸을 때 세상을 떠났다. 떠돌이 행상이던 아버지는 코코와 두 명의 여동생을 고아원에 버리고 다시는 찾지 않았다.

가브리엘의 세계는 산산이 부서졌지만, 자존심 강했던 그녀는 그런 내색을 하지 않았다. 가브리엘은 지적이고 열심히 공부하는 아이는 아니었다. 사춘기 소녀가 된 가브리엘은 수녀가 되거나 학업을 계속하는 두 가지 길 중 하나를 선택해야 했다. 그녀는 학업을 선택했지만 쉽지 않은 길이었다. 수녀원 부속 기숙 학교에서 부유한 집 출신 학생들은 고아원 출신인 가브리엘을 따돌렸다. 차별에 굴욕감을 느낀 가브리엘은 재봉사로 일해서 자신과 여동생들에게 필요한 돈을 직접 벌기로 결심했다.

그녀는 학교 근처 작은어머니의 집에서 밤낮으로 일하면서 졸업식 때 입을 드레스를 만들었다. 당시의 패션 스타일과 자신이 읽은 로맨스 소설에 영향을 받은 가브리엘은 요란한 드레스를 만들었고, 작은어머니가 그 옷에 대해 독설을 퍼부었던 것이다. 그 후 가브리엘은 자신의 타고난 감각에 맞는 옷만 만들겠다고 다짐했다.

이후 세련된 색상과 단순한 스타일의 옷이 가브리엘의 상징이 되었다.

졸업 후에 그녀는 낮에는 재봉사로, 밤에는 카바레 가수로 일했다. 그녀가 노래를 아주 잘한 것은 아니지만 독특한 매력이 있었다. 얼마 안 있어 그녀는 파리에서 인기 있는 가수 중 하나가 되었다.

어느 추운 날, 그녀는 남자친구의 스웨터를 빌려 입게 되었다. 스웨터를 입을 때 자신의 머리칼이 헝클어지는 게 싫었던 코코는 가위로 스웨터 앞쪽을 자르고 잘린 모서리 양쪽에 리본을 덧댔다. 바로 요즘의 카디건이었다. 그날 코코를 본 여자들은 하나같이 그런 옷을 갖고 싶어 했다. 그 후 코코는 유럽 상류사회에 데뷔하게 되었다.

당시 백작부인, 공작부인들은 층층이 주름 장식이 된 옷을 입고 꽉 조이는 코르셋으로 몸을 동여매고 있었다. 풍만한 몸매를 강조하기 위해서였다. 게다가 엄청나게 무거운 모자까지 쓰고 있었다.

마른 몸매에 말괄량이 스타일이었던 코코는 자신이 만든 옷을 입고, 자신의 마른 몸매와 아름다운 목을 자랑하듯 드러냈다. 남자친구에게 빌린 바지, 셔츠, 넥타이까지 걸치고 다녔다. 코코의 패션은 괴상하다고 평가되었지만, 적어도 그녀가 만든 모자만은 대성공이었다. 과일, 꽃, 깃털로 잡탕이 된 당시의 모자 대신, 코코는 깃털 하나나 꽃 한 송이 혹은 아예 장식이 없는 작은 모자를 디자인했다.

코코는 옷을 디자인하면서 별도의 스케치를 하지 않았다. 모델에게 천을 걸쳐 늘어뜨려 놓은 다음, 가위와 핀을 들고 천을 자르거나 밀고 당겨서 새로운 의상이 만들어질 때까지 작업을 해나갔다.

코코가 스물다섯 살이 됐을 때, 남자친구의 도움을 받아 파리의 상류층이 사는 거리에 자신의 가게를 낼 수 있었다. 당시 코코의 스타일에 대한 평가는 한마디로 '과격하다'라는 것이었다. 하지만 제1차 세계대전이 나자 화려한 드레스와 모자는 너무 사치스러운 것이란 생각이 퍼졌다. 심플한 패션의 시대가 온 것이다. 저지 수트, 사파리 코트, 그리고 짧은 치마가 유행했다.

코코는 여자들이 자유롭기를 원했다. 자신의 옷을 입은 여성들이 마음껏 움직일 수 있게 하고 싶었다. 파리와 유럽의 부유층 여성들이 그녀의 옷을 입고 싶어 했다. 과격하다는 평판도 어느덧 '우아하다'로 바뀌게 되었다. 코코의 패션은 그녀의 어린 시절을 드러내고 있다. 무채색의 심플한 치마는 그녀가 다니던 수녀원 부속 학교의 교복과 비슷했다. 교회에 스테인드글라스 창이 있듯이, 그녀는 이 평범한 옷을 보석으로 치장해 악센트를 주었다.

코코는 가난한 사람들의 옷으로부터도 영감을 얻었다. 이를테면 선원의 바지와 모자 같은 것들 말이다. 모두 그녀의 출신이 반영된 것이었지만, 코코가 만든 옷은 결코 싸구려가 아니었다. 코코는 그녀의 부자 친구들이 높은 가격표를 붙일수록 더 갖고 싶어 한다는 것도 알게 되었다. 코코는 '신여성'의 기준도 만들었다. '신여성'이란 호리호리하고 보이시하며 단발 헤어스타일에 금전적으로 독립한 여성을 지칭하는 말이 되었다.

30대가 된 코코는 패션업계의 정상에 섰고 동시에 사교계의 여왕이 되었다. 그녀는 예술가들에 둘러싸여 지냈다. 파블로 피카소, 이고르 스트라빈스키, 살바도르 달리가 그녀의 친구였다.

코코가 50대에 접어들면서 그녀의 패션 제국은 4,000명 가까운 노동자를 고용할 정도로 규모가 커졌다. 교회의 스테인드글라스에서 영감을 얻은 코코의 모조 보석 라인은 그야말로 큰 성공을 거두었다. 그 성공을 바탕으로 코코는 향수 사업에 도전했다.

80종의 꽃 추출물을 혼합해 만든 샤넬 넘버5는 젊음이 넘치면서 오래 가는 향과 각이 지고 남성적인 병 모양, 수수께끼 같은 숫자로 유명해졌다. 오늘날 샤넬 넘버5는 세계에서 가장 인기 있는 향수가 되었다.

패션의 본질은 오늘 뜬 것이 내일은 사라진다는 것이다. 하지만 코코는 사라지지 않았다. 고아 출신인 코코는 백만장자가 되었고 세계 최초의 패션 제국을 건설했다. 그녀는 패션의 무게로부터 여성을 해방시켰다. 코코의 옷은 그레이스 공주, 마릴린 먼로, 재클린 케네디 등 유명한 여성들의 사랑을 받았고, 시간을 초월한 스타일은 여성 패션을 정의하는 기준이 되었다.

학교 대신에 간 공장에서 발명가의 길로

★ 마거릿 나이트 ★
MARGARET KNIGHT

1838~1914년 | 발명가 | 미국

★

규칙적으로 윙윙, 철컥거리는 기
계 소리가 공장 안을 가득 채우고 있었다. 마거릿은 마치 최면에라
도 걸린 듯 멍해지는 것을 느꼈다. 그런데 갑자기 마거릿 바로 옆
의 방직기에서 이상한 소리가 나더니 순식간에 기계가 뒤틀려 버
렸다. 방직기 부품인 방추가 날아가고 강철 바늘이 마거릿 옆에 있
던 소녀의 다리를 파고들었다.

마거릿은 엄청난 충격에 그 광경을 멍하니 바라볼 수밖에 없었
다. 사방에 피가 튀었고 공장은 순식간에 혼란에 빠졌다. 비명을
지르던 소녀가 병원에 실려 간 후에야 사태가 진정되었다. 하지만
마거릿은 좀 전에 보았던 광경을 머리에서 지울 수 없었다.

방직기가 고장 나거나 오작동할 때 자동으로 멈출 방법이 있어
야 했다. 하지만 어떻게 해야 할지 알 수 없었다. 그것은 열두 살
소녀가 꼭 해결하고 싶은 문제였다. 마거릿이 살았던 시대에는 여
자가 발명가가 된다는 것은 상상하기 어려웠다. 빅토리아 시대의
소녀들은 현모양처가 되도록 키워졌다.

소녀들은 빵을 굽고, 바느질하고, 집을 청소하는 일을 배웠고,

공구를 써서 하는 일들은 모두 남자의 몫이었다. 그런데 마거릿은 아주 어린 시절부터 공구와 기계 같은 것에 마음을 뺏겼다. 그녀는 자신의 남달랐던 어린 시절에 대해 이렇게 말했다.

"어렸을 적에 나는 또래 여자아이들이 하는 일에 전혀 관심이 없었어요. 인형도 좋아하지 않았죠. 내가 정말 갖고 싶었던 것은 접이칼, 송곳, 그리고 나뭇조각들이었어요."

마거릿은 매사추세츠주에서 성장했다. 그곳에서 마거릿의 여자 친구들은 그녀를 '말괄량이'란 별명으로 불렀지만, 남자 친구들은 마거릿 주위에 모여들어 늘 뭔가를 만들어 달라고 졸랐다. 동네에서 마거릿은 연이나 썰매를 잘 만드는 아이로 통했다.

집이 가난했던 탓에 마거릿은 학교를 더 이상 다니지 못하고 방직공장에서 일해야 했다. 하지만 마거릿에게 발명의 영감을 준 곳이 바로 그곳이었다. 공장에서 사고를 목격한 이후, 마거릿은 밤낮으로 연구한 끝에 고장 난 방직기를 멈추게 할 방법을 찾아냈다. 마거릿이 만든 이 장치는 결국 미국 전역의 방직공장에 설치되었다. 열두 살 소녀의 발명이 수많은 목숨을 구한 것이다.

하지만 마거릿은 이 위대한 발명으로 돈을 벌지 못했다. 이후 그녀는 공장과 사진 스튜디오, 주택 수리 등의 일을 하며 10대 시절을 보냈다. 고된 노동을 하느라 발명할 시간이 별로 없었지만, 마거릿은 늘 자신이 일하고 있는 곳의 공구와 기계들을 연구했다.

기계들이 어떻게 움직이는지 이해하고 개선 방법을 고민하다 보면, 발명 아이디어가 구체화되곤 했다.

마거릿의 가장 유명한 발명은 '컬럼비아페이퍼백'이란 회사에서 일할 때 탄생했다. 이 회사에서 여자들은 남자들과 똑같이 일하면서도 남자들이 받는 봉급의 3분의 1도 받지 못했다. 이유는 간단했다. 사장이 여자들은 기계를 관리할 수 있는 능력이 없다고 확신했기 때문이다.

당시의 종이봉투는 사람이 하나하나 풀을 칠해서 만들었다. 편지봉투 모양의 종이봉투는 엉성하게 만들어져 사람들이 식료품을 사서 집에 가져가는 동안 터지기 일쑤였다. 마거릿은 사람의 손을 빌리지 않고도 종이를 자르고, 접고, 한 번에 풀칠까지 하는 종이봉투 기계를 만들었다.

'특허'란 자신의 아이디어를 팔거나 사용료를 받을 수 있는 권리를 말한다. 특허야말로 발명가들이 자신의 아이디어로 돈을 벌 수 있는 유일한 방법이었다. 마거릿은 평생 발명을 했지만, 서른이 되어서야 첫 번째 특허를 신청했다.

마거릿이 첫 번째 특허를 신청하러 갔을 때, 일생일대의 충격을 받았다. 찰스 아난이란 사람이 자신이 만든 것과 똑같은 종이봉투 기계로 먼저 특허를 출원한 것이다. 철공소에 마거릿의 모형이 있었던 동안 그가 아이디어를 가로챈 것이다. 찰스 아난은 자신이 먼저 그 아이디어를 냈으며, 여자가 그렇게 복잡한 기계를 만들 수 없다고 주장했다.

마거릿은 분노했다. 남성들의 편견에 맞서 싸우는 것이 힘들 것이라 예상은 했지만, 이런 상황을 만날 거라고는 상상하지 못했던 것이다. 그러나 그렇게 고생하며 만든 발명품을 포기할 수 없었다. 마거릿은 가지고 있던 돈을 다 긁어모아 일당 100달러에 변호사를 고용했다.

마거릿이 일하던 종이봉투 공장의 사장, 철제 모형을 만들어준 철공소의 기술자, 마거릿의 친구 등이 법정에 증인으로 나왔다. 그들은 입을 모아 마거릿이 아주 오래전부터 종이봉투 기계를 연구했다고 증언했다. 그녀는 어린 시절의 메모, 사진, 일기까지 법정에 제출했다. 일기에는 종이봉투 기계에 대한 내용이 빼곡했다. 마거릿은 재판에서 이겼고 결국 특허를 받았다.

여성도 기계를 발명할 수 있다는 사실을 증명했을 뿐 아니라 그렇게 지켜낸 특허가 돈이 되었기에 승리는 더 달콤했다. 그녀는 '이스턴페이퍼백'이란 회사를 만들어 종이봉투를 만들기 시작했다. 그녀가 발명한 기계 한 대는 30명의 사람이 처리할 일을 해냈으므로 엄청난 인기를 얻었다. 그녀는 많은 돈을 벌었고 빅토리아 여왕으로부터 메달도 받았다.

마거릿은 학교에 다니지 못했지만 특허법이며, 계약, 허가에 관한 것들을 독학으로 공부했다. 그녀는 이후 45년 동안 90여 개의 발명을 했고 25개의 특허를 획득했다. 그녀가 받은 특허 중에는 구두 원단을 재단하는 기계, 회전식 엔진, 자동차용 전동기도 있다. 마거릿은 76세로 세상을 떠날 때까지 자신이 실험실이라고 부르던 방에서 하루를 보냈다. 뉴욕타임스는 지칠 줄 모르는 에너지와 창조성을 보여주는 마거릿의 모습을 이렇게 표현했다.

'마거릿 나이트 여사는 그녀의 89번째 발명을 위해 매일 20시간씩 일하는 중이다.'

마거릿은 큰 명성을 얻었고, 그녀의 뒤를 따르는 여성 발명가들의 롤모델이 되었다. 마거릿은 뛰어난 발명가이자 사업가였고, 자신의 아이디어를 지키기 위해 싸웠던 투사이기도 했다. 2006년 마거릿 나이트는 미국의 '국립 발명가 명예의 전당'에 추대되었다.

Girls Who Rocked the World 8

간호와 건강관리의 등불이 된 소녀

★ 플로렌스 나이팅게일 ★
FLORENCE NIGHTINGALE

1820~1910년 | 간호사 | 잉글랜드

★

영국의 한 병원, 플로렌스는 어두
운 복도를 걸어가고 있었다. 바닥과 벽은 구역질이 날 정도로 더러
웠고 악취로 숨쉬기마저 곤란했다. 복도 모서리를 돌자 복도 가운
데에 걸쳐 있는 열린 배수관을 통해 핏물과 배설물이 개울처럼 흘
러가는 것이 보였다. 그녀는 코와 입을 막아야 했다.

복도의 방들에서는 끔찍한 비명과 신음이 새어 나왔다. 플로렌
스는 그중 어느 방 하나를 들여다보았다. 악취에 끌려 구름처럼 몰
려든 파리떼가 침상에 누운 꾀죄죄한 남자를 뒤덮고 있었다. 플로
렌스는 소리쳐 간호사를 불렀다. 한 여자가 비틀거리며 병실로 들
어섰을 때, 플로렌스는 그녀가 제대로 교육받은 간호사가 아님을
알아차렸다. 그녀는 취해 있었던 것이다.

플로렌스는 자신의 눈을 의심했다. 병원에서 그렇게 많은 사람
이 죽어 나가는 것이 전혀 이상하지 않았다. 어디를 봐도 제대로
된 것이 하나도 없었지만 아무도 신경 쓰지 않았다. 그들 눈에 환
자는 그저 '가난한 사람'에 불과했다.

하지만 플로렌스는 달랐다. 그녀는 환자를 편안하게 해주는 일

뿐 아니라 병원 환경을 개선하고 간호의 전문성을 높이는 일에 평생을 바쳤다. 그녀는 병원 운영과 환자 간호 방법을 완벽하게 재창조하다시피 했다. '등불을 든 따뜻한 마음의 숙녀(사람들은 플로렌스를 그렇게 불렀다)'는 현대적 간호의 창시자로 인정받고 있다.

플로렌스는 아버지에게 교육을 받았다. 부모님은 똑똑하고 예쁜 그녀가 좋은 조건을 갖춘 남자와 결혼하리라 믿었다. 하지만 플로렌스에겐 다른 계획이 있었다. 그녀는 뭔가 의미 있는 일을 하고 싶었다. 1837년 그녀는 '선한 일을 하라'라는 하늘의 목소리를 들었다. 얼마 동안 플로렌스는 자신이 정확히 무슨 일을 해야 할지 알지 못했다. 그러는 중에도 플로렌스는 시골 마을의 몸이 아픈 사람들에게 음식을 가져다주고 침대보와 베갯잇을 갈아 주곤 했다.

그녀는 곧 부모의 반대에 부딪혔다. 그런 일은 숙녀가 할 일이 아니란 것이었다. 간호에 대해 좀 더 배우고 싶었던 플로렌스가 병원을 방문하겠다고 하자, 그녀의 부모는 경악했다. 당시 병원은 집에서 간호를 받을 수 없는 가난한 사람들을 위한 것이었다. 결국 플로렌스는 부모의 뜻을 거역하고 하늘이 내린 소명을 따랐다.

영국의 병원들은 플로렌스의 예상보다 더 열악했다. 간호사는 전문 교육을 받지 않아도 될 수 있었고 봉급도 형편없었다. 간호사들이 환자를 무시하는 것이 놀랍지도 않았다. 더럽고 혼잡한 병실에서 병은 빠르게 퍼졌다. 당시에는 병원에 입원하면 병이 낫기보다는 죽게 될 가능성이 더 컸다. 플로렌스는 어떻게 해야 될지 연구하기 시작했다. 전 세계의 전문가들에게 편지를 써서 의견을 구하고, 자신만의 아이디어를 구상했다.

그렇게 바쁘게 지내던 시기에, 플로렌스는 영국 최고의 신랑감으로 꼽히는 리처드 밀네스로부터 청혼을 받았다. 플로렌스는 리처드가 싫지 않았고 그와 결혼하고 싶은 마음도 있었지만, 그렇게 되면 간호사로서의 일을 할 수 없을 게 뻔했다. 결국 리처드의 청혼을 거절한 그녀는 한동안 매우 슬퍼했다고 한다.

딸을 기운 차리게 하고 간호사에 대한 꿈도 접게 하고 싶었던 부모는 그녀에게 유럽 여행을 권했다. 하지만 이는 부모의 기대와 정반대의 결과를 낳았다. 플로렌스는 이탈리아, 이집트, 그리스 등에서 환자를 어떻게 간호하는지 연구했고, 독일에 가서는 혁신적인 병원과 간호학교들을 방문했다. 플로렌스는 청결한 상태에서 잘 먹인 환자들이 더 빨리 회복한다는 사실을 알게 되었다.

영국으로 돌아온 그녀는 바로 짐을 싸서 독일의 간호학교로 떠났다. 그곳에서 4개월 동안 훈련을 받고 파리로 가서 공부를 마무리했다. 파리에서 공부하면서 미생물의 정체에 대해 알게 되자 그녀는 흥분했다. 질병이 전염되는 방식을 이해하게 된 것이다. 그 후 플로렌스는 런던에 있는 여성 병원의 감독관이 되었고, 그곳에서 자신의 이론을 실행에 옮길 수 있었다. 플로렌스의 병원 개혁은 아주 성공적이었다.

1854년 영국이 크림 전쟁에 참전하자 다수의 사상자가 발생했고, 부상병을 치료하는 의료 시설의 끔찍한 실상이 신문에 보도되어 나라 전체가 시끄러워졌다. 영국 정부는 플로렌스를 설득해 전투 지역에 파견하기로 했다. 플로렌스는 간호사 38명과 함께 총알이 빗발치는 최전선을 향해 출발했다.

상황은 신문에 나온 내용보다 훨씬 나빴다. 플로렌스와 간호사들이 터키에 있는 야전 병원에 도착했을 때, 수천 명의 부상병들이 자신들이 흘린 피와 배설물로 범벅이 된 채 병실 복도의 짚더미 위에 누워 있었다. 어디에나 벼룩과 쥐들이 득실거렸다. 침대, 비누, 담요, 깨끗한 천 조각조차 없었고, 환자들에게 줄 식수조차 부족했다.

플로렌스는 군 장교들이 간호사를 만나려 하지 않는다는 것을 알고 매우 놀랐다. 장교들은 간호사로부터 "이거 해달라, 저거 해달라"라는 말을 듣는 것을 불쾌해했다. 보급품을 구입할 비용이 없어서 플로렌스는 자신의 돈을 써야 했다. 플로렌스 일행은 병원을 청소하고 환자들을 씻겼으며, 병원의 하수관과 오물 구덩이 청소를 위해 위생 팀을 불렀다. 플로렌스 일행은 주방을 새로 꾸며 부상병들에게 영양가 있는 음식을 제공했다. 그들에게 책을 읽어 주고, 집에 보내는 편지를 대신 써줌으로써 병사들의 마음을 안정시키는 일도 했다.

매일 밤 플로렌스는 등불을 들고 병원을 순찰하면서, 겁에 질린 환자들을 위로했다. 부상병들은 플로렌스의 등불을 보는 순간, 안도감을 느끼곤 했다. 이때부터 병사들은 플로렌스를 '등불을 든 숙녀'라 부르기 시작했다. 플로렌스가 이곳에 부임한 지 5개월 만에 이 야전병원의 사망률은 42%에서 2%로 떨어졌다!

이제 플로렌스는 군 병원의 시스템을 개선하는 데 주의를 돌렸다. 그녀는 군 병원을 조직하고, 군 진료 기록을 보존하며, 군용 의료학교를 세워 의사와 간호사에게 전장에 특화된 기법과 의술을 훈련하는 계획을 세워 영국으로 보냈다.

1856년 전쟁이 끝나고 플로렌스가 고향에 돌아왔을 때, 그녀는 영웅이 되어 있었다. 사람들은 플로렌스가 잉글랜드의 병원 개혁을 계속할 수 있도록 자금을 모아 주기까지 했다. 빅토리아 여왕은 플로렌스의 제안을 정책으로 만들기 위해 왕립위원회를 만들었고, 얼마 되지 않아 잉글랜드는 세계 최초의 군 의료학교를 갖게 되었다.

그러나 슬프게도 전쟁은 플로렌스의 건강을 앗아갔다. 고향으로 돌아온 지 4개월 만에 플로렌스는 모습을 감췄고, 이후 다시는 대중 앞에 나타나지 않았다. 그로부터 50년간 그녀 자신이 병상에 있었기 때문이다. 그렇다고 그녀가 일을 그만둔 것은 아니었다.

플로렌스는 전 세계의 보건 기준을 개선하기 위한 노력을 계속했다. 그녀는 평생 200권이 넘는 책과 보고서를 출간했다. 1860년 출간된 '간호 노트*Notes on Nursing*'는 수백만 권이 팔렸고 수십 개 언어로 번역되었으며, 오늘날에도 계속 출간되고 있다. 같은 해 플

에이미 차오
Amy Chyao

열여섯 살의 에이미는 미국의 오바마 대통령이 자신을 '의학 진보에 기여한 사람'이라고 칭찬해주자 활짝 웃었다. 에이미는 피부암 치료에 사용되던 광선과 나노 입자를 이용해, 체내에 있는 다른 종류의 암을 치료하는 광역학요법을 개발하는 작업에 도움을 주었다. 이 작업은 인텔 국제과학기술박람회에서 1위를 차지했고 백악관 방문이라는 부상이 주어진 것이다. 그 후 에이미는 교통량이 환경에 미치는 영향을 감소시키는 방법에 대한 프로젝트로 다른 과학상도 수상했다.

로렌스는 대중이 모아준 자금으로 '나이팅게일 간호사 훈련학교'를 설립했다. 이 학교 졸업생은 영국과 해외로 퍼져나갔고, 전 세계에 걸쳐 나이팅게일 간호 모델을 만드는 데 기여했다.

그녀는 90세에 세상을 떠날 때까지, 전 세계로부터 초청받아 간호와 위생에 관한 조언을 해주었다. 먼 앞날을 내다본 그녀의 개혁적 조치들은 건강관리의 본질을 변화시켰고 헤아릴 수 없이 많은 생명을 구했다. 오늘날에도 '등불을 든 숙녀'는 전 세계의 간호사, 의사, 보건 관련 종사자들에게 빛이 되고 있다.

속옷 차림의 왕비를 그린 소녀 화가

★ 엘리자베스 비제 르 브룅 ★

ELISABETH VIGÉ LE BRUN

1755~1842년 | 화가 | 프랑스

연극의 막이 오르자 엘리자베스는 옆에 앉은 관객들을 둘러보았다. 사치스러운 가발과 반짝이는 보석으로 치장하고, 화려한 색깔의 옷을 차려입은 사람들이 무대를 주목하고 있었다. 무대 중앙에는 붓과 팔레트를 손에 든 소녀가 이젤 앞에 서 있었다. 소녀는 모슬린 드레스에 밀짚모자를 쓴 아름다운 여인을 모델로 그림을 그리는 중이다.

이 연극은 엘리자베스의 삶을 소제로 한 것이다. 연극의 시작 장면에서 소녀 엘리자베스는 마리 앙투아네트를 그리고 있었다! 그녀는 하얗게 분칠하고 화려한 가발을 쓴 모습이 아닌 왕비의 인간적인 모습을 표현하려고 애썼다. 그녀가 속옷 차림의 왕비를 그렸다는 이유로 사람들은 입을 모아 그녀를 비난했다.

하지만 실제 자신의 삶과는 달리, 연극 무대의 관객들은 그녀를 비난하지 않았다. 모두 기립하여 그녀에게 박수를 보내기까지 했다. 엘리자베스는 애써 눈물을 참았다. 평생 이때보다 더 큰 감동과 자랑스러움을 느낀 적은 없었다.

상상해 보라, 왕과 왕비가 그림을 그려 달라고 애걸하는 열다섯 살의 천재 화가를! 엘리자베스는 역사상 가장 천재적이고 성공한 초상화가였고, 최고로 부유한 예술가였으며, 그녀가 살았던 시대에 유럽에서 가장 유명한 인물이었다.

하지만 엘리자베스 비제 르 브룅의 시작은 아주 초라했다. 그녀는 파리의 중산층 가정에서 태어났다. 그녀의 아버지는 그럭저럭 성공한 화가였는데, 가끔 딸이 자신의 미술 도구를 가지고 놀게 했다. 엘리자베스는 여섯 살에서 열한 살까지 수녀원에서 지냈고, 거기서 처음으로 화가로서의 재능을 보였다. 엘리자베스는 회고록에 이렇게 쓰고 있다.

그때 나는 늘 스케치를 하며 지냈다. 그릴 수 있는 곳이면 어디라도 그림을 그려 넣었다. 내 연습장은 가장자리까지 두상과 얼굴 그림으로 빼곡히 채워졌다. 기숙사 벽은 숯으로 그린 그림이 가득했다. 그리고 예상대로 나는 자주 벌을 섰다.

엘리자베스가 1년쯤 집에 돌아와 있을 때였다. 갑작스러운 사고로 아버지가 돌아가셨다. 아버지가 가족의 생계를 위해 남긴 돈은 거의 없었기에 엘리자베스는 그림을 그려서 돈을 벌어야 했다. 따로 그림을 배운 적이 없었지만, 열다섯 살 무렵 그녀는 그림으로 온 가족을 먹여 살릴 정도로 놀라운 재능을 보였다.

엘리자베스에 대한 소문이 빠르게 퍼져 나가자 프랑스 귀족들의 그림 주문이 쏟아져 들어왔다. 그러는 동안 엘리자베스의 어머니는 부유한 보석상과 재혼했다. 엘리자베스는 새 아버지가 된 남자를 증오했다. 그는 성격이 고약했으며, 엘리자베스가 번 돈을 모두 자기에게 넘기라고 강요했다.

그 상황을 벗어나고 싶었던 엘리자베스는 서둘러 미술 수집상인 장 밥티스트 피에르 르 브룅과 결혼했다. 엘리자베스의 친구들은 "그와 결혼하느니 차라리 돌을 매달고 강에 뛰어드는 게 나아"라고까지 했다고 한다. 하지만 엘리자베스에겐 그런 말들이 귀에 들어오지 않았다.

슬프게도 친구들이 옳았다. 그녀의 남편은 돈을 벌 생각이 없었고 그녀의 모든 수입을 자기에게 바치라고 강요했다. 그녀에게 뜯어낸 돈은 술과 도박에 탕진했다. 엘리자베스는 비참했다. 다만 그림을 그리는 동안에는 진짜 행복을 누릴 수 있었다는 게 불행 중 다행이었다.

1778년에는 마리 앙투아네트가 그녀를 궁정 공식 화가로 추천할 정도로 엘리자베스는 가장 인기 있는 초상화가가 되었다. 왕실을 포함해 당대의 가장 영향력 있는 사람들이 그녀를 찾았고, 엘리자베스는 믿기 어려울 만큼 많은 돈을 벌었다.

당시 유력 인사들은 한껏 꾸민 모습으로 초상화를 그리는 것이 관례였지만, 엘리자베스는 보다 자연스러운 모습을 그리고자 했다. 그리고 이런 파격을 왕비와 공주들이 먼저 허락했다. 엘리자베스는 그들에게 머리카락에 녹말가루를 뿌리지 말라고 해서 가장 자연스러운 모습을 연출했다(당시 유럽에서는 가발이 유행했고, 가발에 하얀 녹말가루를 많이 뿌릴수록 멋쟁이로 인식되었다-역주). 그렇게 그려진 자신의 모습이 아름답게 보인다는 사실에 여인들은 환호했다. 엘리자베스는 평범하고 매력 없어 보이는 사람에게서도 내면의 아름다움을 끌어내는 재능이 있었다.

하지만 시간이 흐르자 엘리자베스를 시기하는 사람들이 늘어났고 그녀에 대한 이상한 소문이 퍼졌다. 그녀가 천문학적인 그림값을 요구한다거나, 믿기 어려울 정도로 호화로운 파티를 즐긴다든가 하는 근거 없는 소문들이었다. 심지어 엘리자베스의 그림들이 실제로는 그녀가 그린 것이 아니라 다른 남자가 그린 것이라는 주장까지 나왔다.

그러던 중 프랑스대혁명이 나라를 휩쓸었다. 마리 앙투아네트는 처형되었고 엘리자베스와 가깝게 지내던 사람들이 죽음을 맞았다. 엘리자베스는 몸서리를 쳤다. 왕비와 가까웠던 만큼 자신도 위험하다고 생각한 엘리자베스는 딸과 함께 이탈리아로 도피했다. 모녀는 그 후 12년 동안 프랑스로 돌아갈 수 없었다.

도피 생활 동안 엘리자베스는 이탈리아, 오스트리아, 체코슬로바키아, 독일, 스위스, 영국, 러시아 등 유럽 전역을 떠돌았다. 그녀는 방문한 나라마다 왕족과 주요 인사들의 초상화를 그려 주고 자신과 딸의 생계를 해결했다. 엘리자베스가 초상화를 그려 준 인물 중에는 또 하나의 악명 높았던 여왕, 러시아의 에카테리나 여제도 있었다.

엘리자베스는 긴 도피 생활 중 남편에게 결별을 선언했다. 모스크바에서 남편에게 보낸 편지에서 그녀가 독립적인 존재로 우뚝 섰음을 확인할 수 있다.

"만약 내게 일이 없었으면 어떻게 됐을까? 내가 병이 들었다면 당신은 나를 버렸을 테지. 당신은 낭비하고, 도박하고, 남자다운 품위조차 잃어버렸을 게 뻔해. 이제 나는 내 재산을 다른 사람의 손에 넘기지도 않고 다른 누구의 조언도 듣지 않을 거야."

스스로의 힘으로 생계를 해결하는 여자가 전무했던 시대에, 엘리자베스는 싱글맘이 되기로 결정했고 자신의 방식으로 돈을 벌며 세상과 맞섰다.

1802년 255명의 예술가들이 엘리자베스의 귀국을 청원한 후에야 그녀는 프랑스로 돌아올 수 있었다. 노년에 이르기까지 엘리자베스는 훌륭한 그림을 그렸으며, 1830년대에는 회고록을 출판했다. 70대의 나이에 그녀는 자신의 일생을 이렇게 정리했다.

"그림에 대한 나의 사랑은 한 번도 사라진 적이 없었습니다. 내 생명이 끝나기 전에는 절대 그 힘이 사라지지 않기를 바랍니다."

그림은 그녀에게 강인함과 함께 에너지도 주었던 것 같다. 엘리자베스는 87세까지 살았으며, 평생 900점이 넘는 그림을 남겼다. 그 그림들은 파리의 루브르박물관, 뉴욕의 메트로폴리탄미술관,

이탈리아의 우피치미술관, 런던의 국립미술관 등에 걸려 있다.

엘리자베스는 라파엘, 카라바지오와 같은 위대한 화가들과 어깨를 나란히 하고 있으며, 페미니스트란 용어가 출현하기 200년 전에 여류 화가들에게 영감과 용기를 주었다.

사우스캐롤라이나를 살린 영농 소녀

★ 엘리자 루카스 핑크니 ★
ELIZA LUCAS PINCKNEY

1722~1793년 | 영농 기업가 | 미국

엘리자의 아버지는 모여 있는 가
족들에게 편지를 읽어 주었다. 엘리자는 그 편지가 좋은 소식을 담
고 있지 않다는 것을 진즉부터 알고 있었다. 아버지는 슬픔이 가득
한 눈으로 자신이 안티구아(과테말라의 도시-역주)로 소집됐다고 알려
주었다. 선택의 여지는 없었다. 아버지는 가족이 있는 사우스캐롤
라이나를 당장 떠나야 했다.

"그러면 농장은 어떡하나요?"

어머니가 근심스러운 표정으로 물었다. 가족들은 아버지를 대
신해 어머니가 농장을 가꿀 만큼 건강하지 않다는 것을 잘 알고 있
었다.

"제가 할 수 있어요."

열일곱 살이 된 엘리자가 조용히 말했다. 온 가족의 눈길이 엘
리자로 향했다. 엘리자의 말은 진심이었고, 곧 농장을 운영하는 바
쁜 나날이 시작되었다.

엘리자는 캄캄한 새벽 5시에 일어나 두 시간 동안 책을 읽고, 밭
에 나가 일꾼을 감독했다. 그러다가 해가 뜨면 아침 식사를 했다.

식사 후, 한 시간 정도 음악을 듣거나 다른 공부를 했다. 엘리자는 자신의 공부 외에도 여동생과 농장의 노예 소녀들에게 읽기를 가르쳤다. 이 수업은 저녁 식사 때까지 계속됐다. 저녁을 먹은 후엔 농장의 회계장부를 점검하고 계산했다. 이 역시 오랜 시간이 걸리는 일이었다. 마침내 잠자리에 들 때는 몹시 지쳐 있는 상태였지만, 잠들기 전에도 짬을 내서 책을 읽거나 글을 쓰곤 했다.

1722년 왜소한 체격의 엘리자베스 루카스가 태어났을 때, 그녀가 역사에 남을 위대한 농업 혁신가가 될 운명임을 믿은 사람은 아무도 없었다. 엘리자는 아버지가 영국군 장교로 근무하던 서인도제도에서 태어나 어린 시절을 안티구아에서 보냈고, 영국으로 건너가 학교를 다녔다.

엘리자가 열여섯 살이 되자, 가족은 미국의 사우스캐롤라이나로 이주했다. 그곳에 엘리자의 아버지가 상속받은 농장이 있었기 때문이다. 그런데 엘리자의 가족이 미국에 온 지 1년 지났을 때, 엘리자의 아버지가 징집 통보를 받은 것이다.

열일곱 살의 엘리자는 몸이 약한 어머니를 대신해 농장을 운영하고, 가족 소유의 다른 재산도 감독해야 했다. 안티구아에서 아버지가 보내오는 편지에 의지해, 엘리자는 농장일 전부를 관리했다. 남부의 다른 농장들과 마찬가지로 엘리자의 농장도 노예의 노동력에 의존했다. 엘리자는 열두 명이 넘는 노예와 인부들을 감독했고 어머니와 어린 여동생을 돌봤다.

10대 시절에 여러 작물을 시험한 것을 보면 그녀의 뛰어난 사업 감각을 엿볼 수 있다. 아버지가 안티구아에서 보내온 새로운 품종의 씨앗을 심어 키우기도 했고, 목화, 생강, 알팔파와 같은 작물을 재배해 씨를 받기도 했다. 그녀가 시험한 작물 중에는 인디고도 있었다.

인디고는 섬유와 잉크에 쓰이는 푸른색 염료의 원료였다. 오늘날은 많은 화학 염료들이 만들어지고 있지만, 엘리자가 살던 시절에 인디고는 영구히 색깔이 변치 않는 중요한 염료였다. 당시 영국의 의복 제조업자들은 프랑스에서 막대한 양의 인디고 염료를 수입하고 있었다.

몇 년 만에 엘리자는 프랑스의 인디고 재배자들과 경쟁할 수 있었고, 이내 공급이 달릴 정도로 성장했다. 1740년 엘리자가 처음 인디고 씨앗을 심었을 때는 대부분의 모종이 일찍 내린 서리를 맞고 시들어버렸다. 엘리자는 다음해를 위해 씨앗의 일부를 남겨 두었다. 하지만 다음해에도 이 소중한 작물을 100포기밖에 수확할 수 없었다.

아버지는 서인도제도의 경험 많은 염료 기술자를 엘리자의 농장으로 보냈다. 염료 제조는 정확한 시간 조절과 첨가제 용량의 정밀한 측정이 필요한 섬세한 공정이었다. 염료 기술자는 사우스캐롤라이나에서 인디고 재배가 성공하면, 서인도제도의 인디고와 경쟁하게 될 것을 두려워했다. 그는 엘리자 농장의 얼마 되지 않은 수확물을 일부러 망가뜨리기도 하고, 제조 공정 중 석회를 많이 첨가해 색깔을 망치기도 했다.

자신의 새로운 사업을 반드시 성공시키겠다는 각오로, 엘리자는 남아 있는 씨앗으로 인디고 농사를 계속했다. 1744년 마침내 엘리자의 농장은 인디고 생산에 성공했다. 그녀는 총 8킬로그램의 인디고를 생산했고, 그중 3킬로그램을 영국에 팔았다. 영국의 의복 제조업자들은 엘리자의 제품이 그들이 사용하던 프랑스 제품과 비슷하거나 더 좋다고 평가했다.

인디고의 성공에 용기를 얻은 엘리자는 사우스캐롤라이나의 다른 농장주들에게 인디고 씨앗을 나눠 주고 재배 방법도 가르쳐 주었다. 얼마 가지 않아 사우스캐롤라이나주 전역에서 이 새로운 식물 재배 붐이 일어났다. 사우스캐롤라이나주 당국도 이 작물의 수익성을 알게 되었다. 1747년 사우스캐롤라이나 농장들은 61톤의 인디고를 수출했고, 한창일 때는 매년 450톤 이상을 수출할 수 있었다.

실험적인 기업 영농의 성공으로 21세의 엘리자는 부유하고 독립적인 여성이 될 수 있었다. 두 번의 결혼 신청을 거절했던 엘리자는 1744년 유명한 법률가인 찰스 핑크니와 결혼했다. 두 사람은 찰스턴에 저택을 지었지만, 엘리자는 농업과 원예 분야에 대한 관심을 버리지 않았다. 그 후 아마, 대마 등의 다양한 작물을 실험했고 누에 양식과 비단 생산을 시도하기도 했다.

기업 영농의 선구자였던 엘리자는 1793년 세상을 떠났다. 그녀의 선견지명과 끈기가 사우스캐롤라이나에 아주 중요한 작물을 선물해주었고, 그 작물은 수십 년간 사우스캐롤라이나의 농장들을 먹여 살렸다. 당시 미국 대통령이었던 조지 워싱턴은 개인 자격으로 엘리자의 장례에서 운구를 하겠노라고 자청했다고 한다.

Girls Who
Rocked
the World

Girls Who
Rocked
the World

CHAPTER 2

불우한 환경과
장애에 꺾이지 않은
10대들

고아에서 뉴욕타임스 베스트셀러 작가로

★ 애슐리 로즈-코터 ★

ASHLEY RHODES COURTER

1985년~ | 작가, 사회운동가 | 미국

★

열일곱 살이 된 애슐리는 대학에 가고 싶었지만 돈이 없었다. 몇 해 전, 그녀를 입양한 양부모는 애슐리에게 사랑과 안전한 보금자리를 마련해주었지만, 대학 등록금을 내줄 형편은 되지 않았다.

그러던 중 애슐리는 '가장 큰 충격을 받았던 날'을 주제로 뉴욕 타임스 매거진이 글을 공모한다는 기사를 보게 되었다. 순간, 그녀의 머릿속에 두 가지 생각이 스쳐 지나갔다. 공모해서 상금을 타면 대학에 갈 수 있겠다는 생각, 그리고 자신이 '어떤 날에 대해 써야 할지'였다. 바로 그녀가 입양되던 날이다.

애슐리는 그날을 떠올리기 위해 소파 깊숙이 등을 기대고 앉아 TV 화면에 집중했다. 법정을 녹화한 동영상이 재생되었고, 어린 시절 자신의 모습이 화면에 나타났다. 애슐리는 마치 그 순간으로 돌아간 듯 극도의 긴장감에 속이 울렁거리기 시작했다. 화면 속에서 판사가 열두 살 애슐리에게 질문한다.

"입양을 원하나요?"

화면 속의 애슐리가 어깨를 움츠리며 작은 목소리로 말한다.

"그런 것 같아요."

입양은 복잡하고 어려운 일이다. 9년 동안 14개 위탁 가정을 거쳤고, 44명의 사회복지사와 23명의 변호사, 19명의 위탁 부모, 4명의 판사를 만나야 했던 열두 살 소녀에겐 더욱더 그랬다. 애슐리는 자신을 영구히 입양할 가정을 찾았지만, 그것이 옳은 일인지 알 수 없었다. 애슐리에게 삶은 시련과 혼란의 다른 말이어서, 또한 번 다른 가정으로 옮겨가는 일에 아무런 희망과 기대를 가질 수 없었다.

대회에 응모할 글을 쓴 후, 애슐리는 '세 개의 작은 단어Three Little Words'란 제목을 붙였다. 입양이 결정되던 날, 그녀가 판사에게 했던 말이 "그런 것 같아요I guess so"였기 때문이다. 그녀는 상금을 타서 대학에 가기를 기도하면서 원고를 잡지사로 보냈다.

마침내 자신의 글이 대상을 받게 되었을 때, 애슐리는 지금까지 경험하지 못했던 행복감을 느꼈다. 애슐리의 이야기가 잡지에 실리자 모두가 관심을 가졌고, 책으로 출간하자는 제의도 들어왔다.

그녀의 이야기는 길고 고통스러웠다. 애슐리가 세 살 때 그녀의 어머니와 의붓아버지, 남동생은 플로리다로 이주했다. 당시 어머니는 이렇게 말했다고 한다.

"얘들아, 우린 지금 햇빛의 나라Sunshine State(미국 플로리다주의 별명-역주)로 가는 거야."

하지만 가족이 플로리다에 도착했을 때, 어머니와 의붓아버지는 경찰에 체포되었고 애슐리와 남동생은 위탁 가정으로 보내졌다. 그 후 동생과 같은 집에 살 때도 있었고, 떨어져 살 때도 있었다. 애슐리의 양부모 중 하나는 애슐리가 쓰러질 때까지 땡볕 아래서 운동장을 뛰게 하기도 했다. 애슐리는 생각했다.

'내가 무슨 잘못을 저질렀기에 이렇게 살아야 하는 걸까?'

애슐리는 시, 노래, 일기 등 글쓰기를 좋아했지만 자신의 글을 다른 사람에게 보여줄 생각은 하지 못했다. 애슐리는 많은 가정을 옮겨 다녔고 다른 위탁 아동들과 함께 살기도 했다. 아이들은 애슐리의 소지품을 가져가거나 망가뜨리기 일쑤였다. 그러느라 애슐리에겐 자신이 쓴 글들이 남아 있지 않았다. 다만 자신이 쓴 시와 노래들은 꼭 외워 두었다. 그렇게 하면 아무도 가져가지 못할 테니까.

5학년 어느 겨울날, 담임 선생님께서 방과 후에 남으라고 하셨다. 선생님은 자신의 책상 서랍에서 책을 한 권 꺼내 애슐리에게 건네주었다. '빨간 머리 앤'이었다. 그것은 그녀가 태어나 처음으로 갖게 된 책이었다.

책을 읽으면서 애슐리는 책의 주인공과 자신이 많은 점에서 비슷하다는 사실을 깨달았다. 주인공 앤은 빨간 머리의 고아였고, 이름도 알파벳 A로 시작한다. 애슐리는 동화와 자신이 연결되어 있다는 느낌이 들었다.

애슐리의 글쓰기는 잡지사의 공모에서 상금을 받으면서 새로운 전환점을 맞았다. 사실 그녀는 책을 쓰고 싶었지만 이는 지금까지의 글쓰기보다 훨씬 겁나는 일이었다. 그때 양어머니가 애슐리를 격려했다.

"걱정하지 않아도 돼. 내가 도와줄게."

사실 양어머니는 소설가였다. 그녀는 애슐리가 자신의 삶에 대해 쓸려면 무엇보다 기록들을 다 모아야 한다고 조언했다. 양어머니는 그녀가 위탁보호를 받으며 살았던 동안의 기록을 플로리다주 당국으로부터 확보했고, 이전의 위탁 가정들을 찾아가 인터뷰를 모았으며, 잊고 지냈던 장소들을 방문하도록 했다.

애슐리는 원고를 완성한 후에 다른 사람들의 생각을 들어보기로 했다. 양어머니를 포함해 다른 사람들이 가장 많이 한 조언은 자신의 감정을 숨김없이 표현하라는 것이었다. 하지만 그것은 애슐리에게 세상에서 가장 어려운 일이었다.

"어릴 때부터 감정을 표현하는 일이 허락되지 않았어요. 그래서 슬픔, 두려움, 비참함 등의 감정에 휘둘리지 않도록 애써야 했죠."

애슐리는 사람들의 진심 어린 조언에 귀를 기울이면서도, 자신의 책이 고아의 인생을 담은 감상적인 이야기가 되는 것은 원치 않았다. 그녀가 바라는 것은 위탁보호를 받는 아이들이 사랑 넘치는 가정을 찾을 때까지 안전하게 머물 수 있는 복지 시스템이 만들어지는 것, 그리고 위탁보호가 잘 이루어지도록 애쓰는 사람들에게 도움이 되는 일이었다. 즉, 자신의 책을 통해 세상이 바뀌기를 원했다.

2008년 '세 개의 작은 단어'가 책으로 출간되었을 때, 애슐리는 스물세 살이었다. 이 책은 뉴욕타임스 베스트셀러가 되었고, 애슐리는 전국을 돌아다니며 위탁보호 시스템에 대해 알리려고 노력했다. 플로리다 지역에 방영된 입양 관련 TV 프로그램에도 출연했는데, 이 프로그램은 후에 에미상을 수상했다.

당시 미국에는 42만 명의 아이들이 위탁 가정에서 살고 있었다. 애슐리는 글쓰기 공모전에서 받은 상금으로 대학에 진학해 언론학과 공연을 전공했고, 대학원에서 사회복지를 공부했다. 애슐리는 위탁 보호에 대한 관심과 지지를 호소하는 일을 계속하고 있다.

Girls Who Rocked the World 12

아동노동 피해자에서 시민운동가로

★ 리고베르타 멘추 ★

RIGOBERTA MENCH

1959년~ | 시민운동가 | 과테말라

여덟 살 소녀, 리고베르타는 커피 나무에서 떨어진 커피콩을 줍고 있었다. 그녀의 어머니는 젖먹이 동생 니콜라스를 등에 업은 채 커피콩을 따고 있었다. 그들은 이곳 핑카(커피, 면화, 사탕수수를 재배하는 대규모 농장-역주)에서 15일째 일하는 중이었고, 동생 니콜라스는 일을 시작한 날부터 지금까지 쉬지 않고 울어댔다. 어머니는 업고 있던 동생을 내려 약초를 먹여 보려고 애썼다. 니콜라스의 배는 영양실조로 부풀어 올랐고 이제는 숨 쉬는 것도 힘들어 보였다.

리고베르타는 화가 나서 견딜 수 없었다. 핑카에서 일해 받는 돈으로는 동생을 위한 약은커녕 먹을 음식도 사기 힘들었다. 다른 노동자들과는 말이 통하지 않아 누구에게 도움을 청할 수도 없었다. 만약 그녀의 어머니가 동생을 돌보기 위해 일을 중단하면 바로 쫓겨날 게 분명했다.

그날 동생 니콜라스가 눈을 감았고, 리고베르타는 생전 처음 느낀 분노에 몸을 떨었다. 그날은 엄청난 고난으로부터 원주민 부족을 구하기 위해 그녀가 전투를 시작한 날이 되었다.

리고베르타 멘추는 1959년 과테말라 서북부의 산골 마을에서 태어났다. 마을 주민들과 리고베르타의 부모님, 일곱 형제는 중앙 아메리카의 유서 깊고 자랑스러운 마야족의 후예들이다. 그러나 그들은 매우 가난했다. 나무줄기나 옥수숫대로 지은 작은 움막에서 살면서, 숲을 개간해 만든 밭에서 옥수수를 키워 주식으로 삼았다. 밭에서 나온 옥수수로만 먹고살기 어려워서 대부분의 주민들은 1,500년대 중앙아메리카를 침략했던 스페인 사람들의 후손('라디노스'라고 불린다)이 소유한 핑카에서 일했다.

과테말라 국민의 대부분은 원주민이었지만, 땅과 농장을 가진 사람 대부분은 라디노스였다.

그녀는 학교에 다닐 꿈도 꾸지 못했고, 걸음마를 시작하자마자 부모님을 따라 핑카에서 일했다. 엄마 뒤를 따라다니며 떨어진 커피콩이나 목화를 줍거나, 엄마가 일을 잘할 수 있도록 어린 동생들을 돌봤다. 여덟 살이 되자 리고베르타는 새벽 3시부터 해가 질 때까지 일해야 했다. 그러나 하루 15시간을 일하고 그녀가 받는 돈은 고작 4센트였다.

노동자들은 간신히 생계를 유지할 만큼의 급료를 받았지만, 핑카의 주인들은 노동자들이 커피나무 가지 하나라도 부러뜨리면 급료를 깎았다. 주인들이 운영하는 상점에서 음식, 약품 등을 구입할 수 있었지만 정상 가격보다 너무 비싸서 오히려 빚을 져야 했다. 불평이라도 하면 바로 해고되었다.

리고베르타의 남동생은 영양실조로, 오빠는 살충제 후유증으로 세상을 떠났다. 핑카의 주인들은 노동자들이 밭에서 일하고 있을 때 살충제를 뿌리곤 했다.

원주민 노동자들은 핑카에서 일을 끝내고 산골 마을로 돌아오면 땅을 개간해 밭으로 만드는 일을 해야 했다. 하지만 밭에서 제대로 수확을 할 수 있게 되면 토지 소유주들이 나타나 그 땅이 자신들의 것이라고 주장했다.

마을의 지도자였던 리고베르타의 아버지 비센테는 이 같은 횡포에 저항했다. 그는 과테말라시티에서 정부 관리들을 만나 도움을 호소했지만, 그들은 원주민 문제에 관심이 없었다. 비센테는 진심으로 노동자들을 돕고자 하는 노동 조직들과 접촉했다. 리고베르타는 조직을 만들어 스스로의 권리를 주장하고 맞서 싸우는 것만이 정부와 부유한 토지 소유주들로부터 자신들을 지킬 수 있는 유일한 길이라 확신하게 되었다. 아버지는 리고베르타에게 이렇게 당부했다.

"나중에 이 일을 네가 해야 된단다."

리고베르타가 열세 살이었을 때, 아버지는 원주민 조직을 만들었다는 이유로 처음 체포되었다. 과테말라 정부와 토지 소유주들은 마을에 군대를 투입했다. 군인들은 모든 것을 파괴했고 저항하는 사람들은 감옥에 보냈다.

열다섯 살이 됐을 때, 리고베르타는 부족의 지도자가 되었다.

그녀는 군대의 습격으로부터 마을을 지키기 위해 마을 사람들을 조직했으며, 창의적인 방법으로 군대와 맞서는 방법을 익혔다. 다른 마을에 가서 방어와 반격술을 가르치기도 했다.

그녀는 이 과정 중에 언어가 큰 장애가 된다는 사실을 깨달았다. 마야 원주민들은 22개의 다른 언어를 사용했고, 과테말라의 공용어인 스페인어를 사용하는 부족은 거의 없었다. 서로 다른 말을 쓰는 부족들끼리 의사소통을 하고 스페인어로 된 법령에 항의하는 일은 거의 불가능했다.

그 후 몇 년 동안 리고베르타는 마야 언어 중 3개를 배웠고, 가톨릭 수녀의 도움으로 스페인어도 할 수 있게 되었다. 1978년 열아홉 살이 된 리고베르타와 그녀의 가족은 정부군에 쫓기고 있었다. 가족 모두가 원주민의 권리를 지키기 위해 투쟁하고 있었기 때문이다. 그녀의 아버지는 소작농 통합위원회CUC를 공동 설립했는데, 어느덧 CUC는 과테말라 국민 다수의 지지를 받는 강력한 정치 집단으로 성장해 있었다.

가족이 함께 사는 것은 너무나 위험했으므로, 리고베르타의 가족은 뿔뿔이 흩어졌다. 그리고 리고베르타는 다시는 살아 있는 가족과 만날 수 없었다. 막내 남동생은 고문 끝에 죽었고, 아버지는 스페인 대사관을 점거하다가 폭격으로 사망했고, 어머니 역시 살해당했다.

과테말라의 원주민들은 이제 리고베르타가 자신들을 이끌어 주기를 바랐다. 그녀는 CUC의 지도자가 됐다. 그녀는 수도에 저항운동 조직을 만들고, 마을에는 방어 기술을 전수했다. 그러나 원주민에 대한 납치와 살해는 끊이지 않았다. 스물두 살의 리고베르타는 생명의 위협을 느끼며 동료들과 함께 멕시코 망명길에 올랐다. 고통받는 민족을 두고 떠나야 한다는 생각에 마음이 찢어졌지만, 그들의 상황을 바깥세상에 알리는 길은 그것뿐이었다.

그녀는 자신의 동족이 처한 상황을 알리기 위해 전 세계를 여행했다. 1983년 마침내 세계가 그녀의 목소리에 귀를 기울였다. 리고베르타의 삶을 소개한 '나, 리고베르타 멘추'라는 책이 출간된 것

········· 지금 세상을 바꾸고 있는 10대 ·········

프란시아 사이먼
Francia Simon

프란시아가 사는 도미니카공화국에서는 출생증명서가 있어야 학교에 입학할 수 있다. 하지만 모든 사람이 출생증명서를 갖고 있지도 않으며, 특히 난민의 경우 출생증명서가 없는 경우가 많았다. 프란시아는 열심히 노력해 자신의 출생 관련 서류를 준비해 학교에 입학했고, 이제는 자신과 같은 처지에 있는 아이들을 위해 일하고 있다. 그런 노력의 결과, 프란시아는 2010년 국제아동평화상를 받았다. 놀랍게도 그 상의 시상자는 '리고베르타 멘추'였다.

이다. 그 책은 큰 관심을 모아 12개 언어로 번역되었다. 1992년 땅에 떨어진 커피콩을 줍던 작은 소녀는 민족을 위한 평생의 노력을 인정받아 노벨평화상을 수상했다.

세계의 엄청난 관심이 과테말라에 집중되었고, 과테말라 정부는 원주민에 대한 공격과 납치를 멈출 수밖에 없었다. 이제 과테말라 정부는 원주민 문제를 해결하기 위해 협력하고 있다.

과테말라의 문제들이 어느 정도 개선되면서, 리고베르타는 전 세계 원주민들의 삶으로 관심을 돌렸다. 리고베르타의 도전은 아직 끝나지 않았다. 세상에 불의가 있는 한, 리고베르타는 억압받고 착취당하는 사람들의 목소리를 대변할 것이다.

장애를 자산으로
동물학자가 되다

★ 템플 그랜딘 ★
TEMPLE GRANDIN

1947년~ | 동물학자 | 미국

템플은 목장을 가로질러 전속력
으로 뛰었다. 숨소리가 점점 거칠어졌고, 심장은 가슴 밖으로 튀
어나올 듯 쿵쾅거렸다. 이러다 죽을 것 같다고 느꼈지만 뛰는 것을
멈출 수 없었다. 템플은 공황 발작을 앓고 있었다. 발작은 때를 가
리지 않고 일어났다. 이번엔 이모네 목장 길을 걸을 때 일어났다.

정신없이 뛰던 그녀의 눈에 뭔가가 들어왔다. 보정 틀squeeze
chute이었다! 목장의 인부들이 송아지에게 주사를 놓으면 어미 소
들은 흥분해 날뛰었다. 그때 어미 소들을 그 틀 안에 가둬놓는 것
이다. 날뛰는 가축을 그 틀 안에 넣고 문을 닫아 옆구리가 꽉 끼게
해주면 이상하리만큼 조용해지곤 했다.

템플은 누가 말릴 새도 없이 빈 보정 틀 속에 뛰어 들어갔다. 그
리고 마치 암소처럼 네 발로 엎드린 채 소리쳤다.

"레버를 당겨요!"

이모는 조카가 무슨 일을 하려는 건지 알 수 없었지만, 어쨌든
레버를 당겼다. 문이 닫히면서 템플의 몸이 부드럽게 압박되자 순
간적으로 안도감이 밀려왔다. 엄청난 공포가 사라지면서 호흡과

맥박이 정상으로 돌아온 것이다. 그때 템플은 자신을 위한 보정 틀을 만들어야겠다고 다짐했다. 그해 여름, 열일곱 살의 템플은 실제로 자신을 위한 보정 틀을 만들었고, 자폐로 인한 불안에서 벗어날 수 있었다. 장애가 꿈을 이뤄준 자산이 된 것이다.

템플 그랜딘은 1947년 매사추세츠주의 보스턴에서 태어났다. 누군가 안아 주면 버둥대고 유모차에 혼자 앉아 있는 것을 좋아하긴 했지만, 그것이 장애일 것이라곤 아무도 눈치채지 못했다. 그녀가 아장아장 걷게 되었을 때, 부모님은 템플이 말을 하지 않는다는 사실을 알아차렸다. 또래 아이들이 친구들과 모래로 집을 짓고 엄마와 짝짜꿍 놀이를 하며 노는 동안, 템플은 혼자서 손가락 사이로 빠져나가는 모래알을 홀린 듯 바라보고만 있었다.

템플이 30개월쯤 되었을 때, 의사는 뇌 손상 가능성을 이야기했다. 그 당시엔 자폐에 대해 아는 사람이 거의 없었다. 의사는 템플을 병원이나 시설에 보내라고 했지만 부모님은 이를 거부했다. 부모님은 언어 치료를 시작하고 템플을 매일 돌봐 줄 유모를 고용했다. 템플은 자신의 어린 시절에 대해 이렇게 말한다.

"나는 사람들이 하는 말에 아무런 관심이 없었어요. 귀를 막고 나만의 꿈에 빠져 있었죠."

템플의 치료를 맡았던 선생님들이 그녀를 현실로 돌아오게 해 주었다. 템플은 말을 하기 시작했고 그녀를 사랑하는 사람들 곁으로 돌아올 수 있었다. 하지만 사춘기가 되자 상황이 안 좋아졌다. 자폐 증상은 10대 시절 악화되는 사례가 많다. 아마도 호르몬 변화 때문일 것이다. 템플은 온몸을 마비시킬 듯한 공황 발작을 겪게 되었다. 그녀는 다른 사람들과 다른 방식으로 표현되는 말과 행동 때문에도 고통받았다.

다행스러운 것은 고등학교 시절, 그녀의 일생에서 가장 영향력 있는 멘토를 만난 것이다. 바로 과학 선생님 칼록이었다. 칼록 선생님은 템플이 매우 명석하다는 사실을 알아챘다. 하지만 템플의 두뇌는 일반인과는 다른 방식으로 작동했다. 그녀는 세상을 사진 찍듯이 보았다. 템플은 이렇게 묘사한다.

"저는 사진으로 생각해요. 모든 단어들이 총천연색의 영화로 바뀌고, 그것이 제 머릿속에서 동영상처럼 펼쳐지죠."

칼록 선생님은 그녀에게 자신만의 재능을 이용하는 방법을 연구해보라고 조언했다. 템플이 친구들에게 괴롭힘을 당할 때마다 칼록 선생님의 과학 실험실은 험난한 세상에서 벗어날 수 있는 피난처가 되어주었다.

템플은 자신을 놀리는 여학생을 향해 책을 던졌다는 이유로 고등학교에서 쫓겨났다. 그 시절 공황 발작이 너무 자주 일어나자 어머니는 딸을 애리조나주에 있는 동생의 목장에 보냈다. 그것은 정말 최고로 훌륭한 결정이었다. 템플은 그곳에서 가축용 보정 틀에 들어가면 불안에서 해방될 수 있다는 사실을 발견했다. 그녀는 보정 틀 안에서의 느낌을 이렇게 표현한다.

"아주 고요하고 평화로웠죠. 난생처음 편안함이란 것을 느꼈어요."

템플은 목장에서 또 하나의 발견을 했다. 자신이 소의 눈을 통해 세상을 바라볼 수 있다는 사실을 깨달은 것이다. 템플은 암소가 무엇을 보는지, 어떻게 느끼는지, 그리고 어떻게 행동할지를 사진처럼 선명하게 떠올릴 수 있었다.

대학에서 심리학을 전공한 템플은 이모의 농장에서 가까운 애리조나로 이주했고, 애리조나 주립대학에서 동물과학 분야로 석사학위를 준비했다. 템플이 '보정 틀의 유형과 그에 따른 소의 행동 변화'를 주제로 논문을 쓰겠다고 하자, 지도교수는 그녀가 제정신이 아니라고 생각했다. 하지만 템플은 포기하지 않았다. 어떤 보정 틀이 상처를 입힐 확률이 적은지, 어느 시점에 틀을 작동하는 것이 소의 스트레스를 최소화하는지 등을 찾아냈다. 오늘날 미국에서 사육되는 소와 돼지의 3분의 1이 템플이 만든 생명 친화적인 장치에 의해 관리되고 있다.

템플은 목장에서 사용하는 해충 제거 장치인 '딥 뱃'도 개선했다. 딥 뱃은 길고 좁은 풀인데, 그 안에 살충제를 채우고 소가 수영해서 통과하게 함으로써 진드기, 이, 기생충 등을 제거하는 장치다. 문제는 가파르고 미끄러운 딥 뱃에 들어간 소들이 겁에 질려 몸이 뒤집히고 빠져 죽기까지 했다는 것이다. 템플은 좀 더 완만하고 덜 미끄러운 경사로를 설계해 소가 안심하고 그 장치를 통과할 수 있도록 개선했다.

템플은 축산과 관련된 설계를 계속했고 사육 환경을 개선하기 위해 노력했다. 그녀는 가축의 행동과 심리 분야에서 세계 최고의 전문가이자 가축을 생명 친화적 관점에서 봐야 한다고 주장하는 운동가로 유명해졌다. 또한 자폐 증상에 대한 세계적 전문가이기도 하다. 그녀는 책과 강연을 통해 자폐를 가진 수천 명에게 도움을 주었다.

2010년 타임지는 템플을 가장 영향력 있는 인물 100명 중 한 명으로 선정했고, 같은 해 그녀의 생애를 다룬 영화가 에미상 7개 부문을 휩쓸었다. 템플이 10대에 발명한 사람을 위한 보정 틀은 '허그 박스'란 애칭으로 불리며, 전 세계 자폐 증상을 가진 사람들에게 큰 도움을 주었다. 템플 스스로도 45년 동안 '허그 박스'를 사용해 왔지만, 이제는 그것이 필요치 않다고 말한다.

"저는 이제 사람들과 허그를 합니다."

소아마비를 극복한
올림픽 금메달리스트

★ 윌마 루돌프 ★
WILMA RUDOLPH

1940~1994년 | 육상선수 | 미국

★

아홉 살 월마는 교회 건물 앞에서
잠시 망설였다. 지금 마을 사람 대부분이 교회 안에 있을 것이다.
모든 사람이 좌석에 앉은 다음, 월마는 네 살 이후 늘 하고 다니던
다리 보조기를 풀었다. 월마는 깊은숨을 들이쉬고 천천히 교회 안
을 향해 걸음을 옮겼다. 월마가 한 발짝 한 발짝 통로를 걸어가자
사람들이 술렁이기 시작했다. 그녀가 교회 건물의 끝에서 끝까지
걸었던 것이다. 그날 이 모습을 지켜본 사람 중 그 누구도 이 소녀
가 세계에서 가장 빠른 여성이 될 거라고는 상상할 수 없었다.

월마 루돌프는 1940년 미국 테네시주의 작은 마을에서 태어났
다. 그녀는 아기였을 때부터 홍역, 볼거리, 수두, 폐렴, 성홍열과
싸워야 했고, 네 살 때 걸린 소아마비로 왼쪽 다리의 근육을 마음
대로 쓸 수 없게 되었다. 의사들은 그녀가 다시 걸을 수 없다고 진
단했지만 가족은 포기하지 않았다. 이후 10년 동안 월마의 가족은
의사들의 말이 틀렸다는 것을 증명하기 위해 노력했다.
월마의 언니 오빠들은 매일 월마의 다리를 마사지하고 운동시켜

주었다. 일주일에 두 번, 윌마와 어머니는 병원에 가서 근육을 강화하는 물리치료를 받았다. 당시 미국 남부는 인종 분리 정책이 시행되고 있었다. 아프리카계 미국인(흑인)이 치료받을 수 있는 가장 가까운 병원에 가려면 80킬로미터를 달려가야 했다. 게다가 그들은 병원에 오가는 길 내내 버스의 맨 뒷자리에 앉아 있어야 했다.

헌신적인 가족의 도움 덕분에 윌마는 좌절하지 않을 수 있었다. 여섯 살이 되자 특수 보조기를 하고 걸을 수 있을 정도로 근육이 튼튼해졌고, 언니 오빠들과 학교에도 다닐 수 있게 되었다. 다른 아이들처럼 체육 시간에 마음껏 뛰지는 못했지만, 열 살이 되자 보조기의 도움 없이도 짧은 거리를 걸을 수 있었다. 그로부터 2년 후, 윌마는 기쁜 마음으로 자신의 보조기를 병원에 반납했다. 다른 아이가 쓸 수 있도록 말이다.

그 무렵 윌마는 농구를 시작했다! 놀랍게도 7학년 때는 학교 농구팀의 주전이 되었고, 그다음 몇 해 동안 스타플레이어로 활약했다. 고등학교 2학년 때는 스물다섯 경기에 출전해 803점이라는 경이로운 기록을 달성했다! 이는 테네시주 여자 농구 역사에 없던 신기록이었다.

윌마의 스피드와 투지에 감동한 테네시주립대학 여자육상팀 감독 에드 템플이 그녀를 테네시주 여름 육상 프로그램에 초청했다. 이 프로그램을 통해 윌마는 육상 경기를 접하게 됐다. 윌마는 연습하고 또 연습한 끝에 미국 올림픽 육상팀 선수로 선발될 만큼 기량이 향상되었다.

1956년 호주 멜버른 올림픽에 참가한 월마는 그때까지 테네시 주의 작은 마을을 벗어난 적이 없었던 시골 소녀였다. 겨우 열여섯 살, 팀의 막내였던 월마는 400미터 계주에서 동메달을 땄다. 그리고 4년 후 로마 올림픽에서 그녀는 여자 육상의 새로운 역사를 썼다. 100미터 달리기, 200미터 달리기, 그리고 400미터 계주에서 세 개의 금메달을 딴 것이다. 그녀는 하나의 올림픽에서 세 개의 금메달을 딴 최초의 미국 여자 육상선수가 되었다. 고향에서는 그녀를 환영하기 위한 퍼레이드가 열렸는데, 그것은 그 지역 최초로 흑인과 백인이 한자리에 모인 행사였다고 한다.

월마는 그해 통신사들이 선정한 올해의 여자 선수가 되었고, 유럽의 스포츠 기자 클럽이 선정한 올해의 스포츠맨이 되었다. 1962년 은퇴할 때까지 그녀는 수많은 상을 받았다. 대학에서 기초교육학을 공부한 월마는 육상 코치, 아동 스포츠 프로그램 책임자로 활동했으며 자신의 이름을 딴 재단을 설립해 사람들에게 희망과 용기를 주는 일을 하고 있다.

월마 루돌프는 소아마비와 차별을 이겨내고 '세계에서 가장 빠른 여성'이 되었다. 월마의 생애는 얼핏 불가능해 보이는 꿈을 갖고 있는 사람들에게 영감과 힘을 북돋는다. 월마의 승리는 꿈과 의지가 있다면 가장 절망적인 장애조차 극복할 수 있음을 증명하고 있다.

끝없는 고통과 절망을
예술로 꽃피우다

★ 프리다 칼로 ★
FRIDA KAHLO

1907~1954년 | 화가 | 멕시코

★

프리다는 적십자병원 침대에 누워 있었다. 온몸에서 전해지는 통증은 너무나 고통스러웠다. 척추가 세 군데 부러졌고, 갈비뼈 두 곳, 골반 세 곳도 부러졌다. 오른쪽 다리는 무려 열한 곳이 골절됐고, 오른발은 으스러진 상태였다. 열여덟 살 소녀 프리다가 살아있는 건 기적이었다.

버스와 전차가 충돌하는 대형 사고를 겪은 프리다가 살아날 거라 생각한 의사는 아무도 없었다. 프리다는 밤낮으로 견딜 수 없는 통증에 시달렸다. 성한 데 없는 몸을 치료하는 동안, 프리다는 하루에도 수십 번씩 찾아오는 극심한 통증에 시달렸다. 잠을 잘 수도 없었다.

그렇게 몇 달이 지나고 자포자기 상태에 이른 프리다는 간호사에게 병실로 그림 도구를 가져다 달라고 부탁했다. 캔버스에 그림을 그리기 시작하자, 그녀는 더이상 자신의 처참한 몸에 집중하지 않을 수 있었다. 그림은 몸과 마음의 고통에서 벗어나는 탈출구가 되었다.

프리다 칼로는 1907년 멕시코시티 인근에서 태어났다. 그녀는 사진사로 일했던 독일계 유대인 아버지, 원주민과 스페인인의 혼혈인 어머니 사이에서 태어난 다섯 자녀 중 하나였다. 그녀는 어린 시절부터 세상에 대해 끝없는 호기심을 갖고 있었다. 그녀의 책가방엔 온갖 잡다한 것들이 다 들어 있었다. 자신이 그린 그림, 나비, 마른 꽃, 아버지 서재에서 가져온 그림책들이 뒤섞여 있었다.

열다섯 살 때 그녀는 멕시코 최고 명문인 국립대학교 예비반에 입학했다. 2,000명의 학생 중 여학생은 단 35명이었다. 총명하고 아름다웠던 그녀는 의사의 꿈을 키웠다. 하지만 열여덟 살 때의 사고로 인해 프리다의 삶은 영원히 바뀌었다. 하룻밤 사이에 그녀는 신체적 장애와 통증에 평생 몸부림쳐야 하는 비운의 주인공이 된 것이다.

다행히도 프리다는 자신의 강렬한 감정을 쏟아낼 '그림'이라는 일을 찾아냈다. 비록 정규 미술 교육을 받지는 못했지만 그녀의 작품은 놀라운 수준이었다. 그녀의 그림은 자신의 경험과 복잡한 느낌을 표현하고 있었다.

1929년 프리다는 디에고 리베라와 결혼했다. 디에고는 당시 멕시코에서 가장 유명한 화가였다. 그녀는 사고를 당하기 몇 해 전, 학교의 벽화를 그리던 디에고를 처음 만났다. 두 사람의 관계는 정열적이었지만 그만큼 위험하기도 했다. 그녀의 그림은 디에고에 대한 사랑과 증오, 그리고 아이를 갖지 못하는 슬픔을 표현하고 있었다(그녀는 사고 후유증으로 인해 아이를 가질 수 없었다). 프리다의 독특한 화풍은 초현실주의와 멕시코 대중예술이 결합한 형태에서 비롯되었다. 그녀는 원색적이고 과감한 스타일을 이용해 자신의 영혼을 세상에 드러냈다.

1940년대 들어 프리다의 그림이 유명해지면서 외국에서도 전시회가 열렸다. 평론가들은 그녀의 독특한 스타일에 찬사를 보냈다. 1953년 맥시코에서 열린 첫 개인전은 대단한 성공을 거두었다. 전시회 첫날에도 통증에 시달리던 그녀는 침대에 실린 채로 개막식에 참석했다.

몇 달 후 프리다의 건강은 더욱 악화되었고, 한쪽 다리를 절단해야 할 지경에 이르렀다. 하지만 프리다는 좌절하지 않았고 자신의 장애를 숨기려고도 하지 않았다. 그녀는 의족을 하고서 방울 달린 벨벳 구두를 신었다.

1945년 프리다가 세상을 떠난 후, 그녀의 고향 집은 프리다 칼로 박물관으로 단장되었다. 이 박물관은 프리다의 작품뿐만 아니라 그녀가 수집한 방대한 양의 멕시코 민속 예술 작품들을 전시하고 있다. 1985년 멕시코 정부는 프리다의 작품들을 국가 기념물로 지정했다. 평생 아름다움과 강렬한 생명력을 그림으로 표현한 그녀는 멕시코 역사상 가장 위대한 예술가의 반열에 올랐다.

시인이자 예술 비평가인 앙드레 브르통은 '그녀의 작품에서 아름다움이란 측면이 그림이 가진 엄청난 힘을 가리고 있다'라고 주장하면서, 다음과 같은 평을 남겼다.

"프리다 칼로의 예술은 폭탄에 두른 리본이다."

그녀의 남편, 디에고 리베라는 그녀에 대해 이렇게 말했다.

"프리다는 내면의 진실을 말하기 위해 가슴을 찢어 열고 심장을 드러내는, 예술 역사상 드문 경우이다."

가난과 인종차별을 이겨낸
천상의 목소리

★ 마리안 앤더슨 ★
MARIAN ANDERSON

1897~1993년 | 가수 | 미국

발성 코치인 '주세페 보게티'는 작업실로 들어오는 10대 소녀에게 눈길도 주지 않았다. 그는 눈살을 찌푸린 채 오선지에 음표를 휘갈기듯 그려 넣는 작업을 계속하며 말했다.

"알지? 너희 교장 선생 얼굴을 봐서 만나 주는 거야."

그의 목소리엔 짜증이 가득했다. 소녀는 자신이 떨고 있음을 느꼈다. 과연 이 남자 앞에서 제대로 노래를 부를 수 있을까? 주세페는 미국 최고의 발성 코치였다. 그런 그가 이름도 모르는 소녀의 노래를 들을 이유가 없었던 것이다.

"난 학생을 더 받을 생각이 없어. 학생은 이미 너무 많다고."

그의 말에 소녀의 가슴이 한 번 더 철렁했다. 하지만 주세페는 손을 들어 노래를 시작하라는 신호를 보내고 있었다. 마음을 가라앉히기 위해 소녀는 눈을 감고 자신이 어디에 있는지, 누구 앞에서 노래를 부르는지 잊으려고 애썼다. 소녀는 자신이 제일 좋아하는 흑인 영가 '깊은 강'을 부르기 시작했다. 그녀의 힘차고 풍부한 목소리가 방 전체에 울려 퍼졌다.

소녀는 노래를 끝내고 눈을 떴다. 방은 조용했다. 주세페는 눈을 감은 채 조용히 있었다.

'오, 안 돼! 선생님은 내 노래를 싫어하는 거야!' 극도로 긴장한 상태에서 소녀는 그렇게 생각했다. 마치 영겁인 듯한 시간이 흐른 후 선생은 눈을 떴고 오랫동안 소녀를 쏘아보더니 입을 열었다.

"당장 너를 가르칠 시간을 잡아야겠구나."

마리안은 행복한 비명이 터져 나오려는 입을 얼른 손으로 틀어막았다.

"나와 함께하는 시간은 2년이면 충분할 거야. 그다음에 너는 누구 앞에서도 당당하게 노래할 수 있을 거야."

소녀는 미칠 듯 기뻤지만 이제 다른 걱정거리가 생겼다. 그녀가 다니는 교회에서 그녀의 음악 레슨을 지원하기 위해 모은 돈은 충분치 않을 게 분명했다. 보게티 선생의 레슨 비용이 그렇게 저렴할 리가 없었다. 하지만 소녀의 조심스러운 질문에 보게티 선생은 레슨 비용을 받지 않겠다고 했다. 소녀는 자신에게 온 이 행운이 믿기지 않았다!

마리안은 1897년 미국 필라델피아에서 태어났다. 아버지가 얼음과 석탄을 배달하는 일을 열심히 했기에, 어머니는 집에서 아이들을 돌볼 수 있었다. 그녀는 아주 어렸을 적부터 음악을 좋아했다. 하지만 부모님이 악기를 사주거나 레슨을 받게 할 만큼 여유가 있지는 않았다. 마리안은 세 살 때 노래하기 시작했고, 자신만의 음악을 만들었다.

여섯 살이 된 마리안은 이미 교회 성가대의 스타였다. 그녀의 목소리는 여성 목소리 중 가장 낮은 음역인 '콘트랄토'였다. 하지만 더 높은 음도 낮은 음만큼 잘 부를 수 있었다. 사실 교회 성가대가 노래 연습을 할 때, 마리안은 높고 낮은 파트를 모두 연습하곤 했다. 그렇게 함으로써 성가대원 중 누군가가 결석할 경우, 마리안은 결석자가 부를 부분을 메울 수 있었다.

마리안이 열두 살 때 아버지가 사고로 돌아가셨고 집안 형편은 매우 어려워졌다. 어머니는 가족을 부양하기 위해 청소 일에 나섰다. 마리안은 가수가 되겠다는 꿈을 갖고 있었지만, 좀 더 실용적인 일을 하기 위해 타이핑을 배웠다. 고등학교를 졸업하면 비서로 일해서 가족의 생계를 도울 작정이었다.

하지만 그녀의 목소리는 그대로 썩히기엔 너무나 아름다웠다. 마리안은 고등학교에 다니는 내내 교회 모임, 파티, 동호회 같은 행사에서 노래를 불렀고, 한 번 노래할 때마다 5달러씩의 수고료를 받았다. 어머니를 도와야 하는 소녀에겐 꽤 큰돈이었다.

마리안이 직업 가수로 성공하기 위해서는 전문적인 훈련을 받아야 했다. 그녀는 지역에 있는 음악학교에 지원했지만, 학교 측은 냉정하게 입학을 거부했다. 그녀가 아프리카계 미국인(흑인)이었기 때문이다. 마리안은 완전히 절망했다. 인종차별이란 것이 있는 줄은 알고 있었지만, 백인과 흑인이 서로를 이웃으로 존중하는 동네에서 자랐던 그녀에게 이 사건은 개인적으로 경험한 첫 번째 인종차별이었다. 입학을 거부당한 순간 그녀는 꿈을 포기할 수밖에 없다고 생각했다. 절망한 마리안에게 어머니는 이렇게 말했다.

"애야, 믿음을 가져라. 분명 다른 길이 있을 거야."

그런데 정말 다른 길이 있었다. 마리안이 다니던 교회에서 마리안의 개인 교습을 돕기 위해 돈을 모았다. 그렇게 해서 마리안은 주세페 보게티에게 오디션을 보게 된 것이다. 그녀가 고등학교를 졸업하던 해엔 펜실베이니아 곳곳을 누비며 교회, 대학, 소극장에서 노래하기 시작했다. 그녀의 출연료는 100달러까지 올라갔다! 이때가 마리안의 일생 중 가장 행복했던 시기였다. 마리안은 어머니에게 이렇게 말했다.

"이제는 제가 엄마를 돌봐 드릴 수 있어요. 이제 남의 집 빨래하는 일은 안 하셔도 돼요."

1925년 마리안은 또 한 번의 행운을 거머쥐었다. 300명이 경쟁하는 성악 경연대회가 열렸는데, 1위 입상자에겐 뉴욕필하모니 오케스트라와 협연할 수 있는 부상이 걸려 있었다. 마리안은 대회에서 우승했고, 뉴욕 필하모니 오케스트라와의 협연은 성공리에 끝났다. 이제 그녀의 노래 인생은 탄탄대로를 달릴 것이 분명했다.

하지만 그건 마리안의 착각이었다. 남북전쟁을 통해 노예가 해방된 지 거의 60년이나 지난 때였지만, 미국에는 여전히 인종차별이 존재했다. 버스나 열차에서 흑인과 백인이 같은 자리에 앉을 수 없었고, 같은 무대에서 공연할 수도 없었다. 마리안은 흑인이라는 이유로 미국 최고의 콘서트홀로부터 초청받지 못했다.

1930년 이후 5년 동안 마리안은 유럽을 돌며 공연했다. 유럽에서 마리안은 위대한 가수로 받아들여졌다. 미국 밖에서 마리안은 행복했다. 성공해서가 아니라 인종차별의 굴레에서 벗어날 수 있었기 때문이다. 아무 좌석에나 앉을 수 있었고, 어떤 호텔에 묵어도 됐으며, 원하는 곳에서 공연할 수 있었다.

1935년 마리안은 미국 최고의 공연 기획자인 솔 휴록의 도움을 받아 미국으로 금의환향했다. 뉴욕의 유명 콘서트홀인 타운홀에서 공연하게 되었고 그 공연이 엄청난 성공을 거둔 것이다. 청중들은 마리안에게 기립박수를 보냈고 평론가들의 극찬이 이어졌다.

마리안은 링컨기념관 앞에서 무료 공연을 하기도 했다. 노예를 해방시킨 인물의 조각상 발치에서 하는 공연은 상징적인 의미를 갖고 있었다. 이 공연에 무려 7만 5천 명의 팬이 운집했고, 수백만 명이 라디오로 공연 실황을 들었다. 당시의 한 참석자는 흑인과 백인 청중이 함께 마리안의 노래를 따라 불렀다고 회상했다. 한 기자는 마리안의 용기에 박수를 보내며 이렇게 말했다.

"그 콘서트는 미국의 뿌리 깊은 인종차별주의를 강타했다."

세월이 흐른 후, 같은 장소에서 마틴 루터 킹 목사가 "내겐 꿈이 있습니다"로 시작하는 유명한 연설을 하게 된 것은 우연이 아닐지도 모른다.

마리안은 평생 피부색의 장벽을 깨는 일을 계속했고, 세계적으로 유명한 뉴욕 메트로폴리탄 오페라에 출연한 최초의 흑인이 되었다. 그 공연에서 청중들은 마리안이 노래를 시작하기도 전에 그녀에게 기립박수를 보냈다.

어린 시절 가졌던 모든 꿈이 이루어진 후에도 마리안은 노래를 계속했다. 1957년 미국 국무부는 미국을 대표하는 친선대사 자격으로 마리안을 한국을 포함한 아시아 12개국에 파견했다.

마리안은 셀 수 없이 많은 상을 받았다. 그중에는 최고의 업적을 성취한 흑인에게 수여하는 스핀간 메달, 평화시에 대통령이 시민에게 수여할 수 있는 최고의 훈장인 자유의 메달 등이 포함되어 있다.

맑은 목소리와 어마어마하게 넓은 음역 때문에 마리안을 세계 최고의 콘트랄토라고 생각하는 사람들이 많지만, 마리안이 세상에 미친 영향은 목소리에 한정되지 않는다. 마리안은 흑인이 무슨 일을 할 수 있는지를 미국인에게 보여주었다. 그녀의 성공은 스티비 원더, 다이애나 로스, 마이클 잭슨, 머라이어 캐리 등 흑인 뮤지션들에게 문을 열어 주었다. 그리고 음악은 미국 흑인들이 재능을 인정받고 위대한 업적을 성취할 수 있는 첫 번째 분야가 되었다.

GiRls Who Rocked the World **17**

시장에서
노래하는 소녀에서
블루스의 여왕으로

★ 베시 스미스 ★
BESSIE SMITH

1894~1937년 | 가수 | 미국

베시는 목이 아팠다. 그녀는 시장에서 하루 종일 노래를 부르고 있는 중이었다. 교회 갈 때 입는 가장 좋은 옷을 차려입은 아홉 살 난 소녀의 달콤한 목소리를 듣기 위해 많은 사람이 발길을 멈췄다.

그녀의 배는 저녁밥을 달라고 꼬르륵 소리를 내고 있었고, 집에 돌아가 쉬고 싶은 마음이 간절했지만 모자에 담긴 동전은 충분하지 않았다. 베시의 형제들에겐 돌봐 줄 부모가 없었고 형제들은 베시만 바라보고 있었다. 베시가 다시 발길을 사로잡는 노래를 시작하자 사람들이 더 많이 모여들었다. 그때까지만 해도 소녀는 자신이 진짜 무대에서 노래를 부르게 될 것이라고는 상상하지 못했다. 하지만 이 어린 소녀는 얼마 안 있어 블루스의 여왕으로 알려지게 될 운명이었다.

엘리자베스 스미스는 1895년 테네시주 채터누가에서 태어났다. 그녀는 인구 3만 명 정도의 마을에서 살았다. 채터누가 인구의 40% 정도가 아프리카계 미국인(흑인)이었고, 그들 대부분은 형편이

어려워 하루하루 간신히 끼니를 잇는 형편이었다. 인종차별의 시대, 아프리카계 미국인이 살아남기 위해서는 힘겨운 노동이 필수였다. 베시가 어렸을 때 부모님이 모두 돌아가셨기 때문에, 베시와 형제들은 닥치는 대로 일을 해서 돈을 벌어야 했다. 어린 시절 내내 베시는 푼돈을 벌기 위해 거리에서 노래를 불렀다.

베시는 아홉 살 때 동네 극장에서 데뷔했다. 그 데뷔 공연으로 8달러를 벌었다고 한다. 1912년 베시의 큰오빠는 도시를 순회하는 쇼단에서 일하고 있었다. 쇼단이 채터누가에 왔을 때, 오빠는 무대 감독을 설득해 여동생 베시가 오디션을 볼 수 있도록 해주었다. 그런데 예상외로 쇼단은 베시를 댄서로 고용했다. 그 쇼단에는 이미 '거트루드 마 레이니'라는 걸출한 가수가 있었기 때문이다. 마 레이니는 베시의 목소리에 감동했고, 나중에 베시를 흑인들로 구성된 유명 공연단(래빗 풋 민스트렐)에 스카우트했다.

베시의 노래는 큰 인기를 모았다. 베시는 미국 남부를 순회하며 극장, 클럽 등에서 공연했다. 1921년 베시는 미국 북부의 도시로 활동 무대를 넓혔다. 베시의 꾸밈없고 힘이 넘치는 목소리는 많은 군중을 불러 모았고, 베시는 점점 더 유명해졌다.

1923년엔 첫 음반을 냈는데, 그해 연말까지 75만 장이 팔리는 대히트를 기록했다. 베시는 평생 150장 이상의 음반을 냈고 1,000만 장 이상을 팔았다. 이 기록은 정말 엄청난 것이다! 베시가 노래하던 시절에 레코드 플레이어를 갖고 있는 사람은 거의 없었기 때문이다. 베시는 당대의 천재적 뮤지션들과도 공연했는데, 그들 중엔 트럼펫 연주자인 루이 암스트롱, 피아니스트인 플레처 헨더슨, 트롬본 연주자인 찰리 그린 등이 있었다.

그녀는 순회공연 중 자주 인종차별에 직면해야 했다. 하루는 악명 높은 KKK단으로부터 협박을 당하게 되었다. 하지만 베시는 이렇게 소리쳐 그들을 내쫓았다.

"그 홑이불 쪼가리를 들고 당장 꺼지는 게 좋을걸!"

1937년 베시는 자동차 사고의 후유증으로 세상을 떠났다. 겨우 마흔세 살의 짧은 생애였지만, 베시는 진정 충만하고 후회 없는 삶을 살았다. 이 독보적인 가수는 삶의 밑바닥부터 꼭대기까지 모두 경험했고, 그 경험은 그녀가 부른 노래의 주제가 되었다. 베시는 가난과 편견을 이겨내고 승리했다. 그녀는 거리의 가련한 가수로 시작해서 블루스의 여왕이 되었다. 오늘날 베시가 남긴 블루스곡들은 시대를 통틀어 최고의 작품으로 여겨지고 있다.

베시의 묘비에는 이런 글이 새겨져 있다.

"세계에서 가장 위대한 블루스 가수, 그녀는 결코 노래를 멈추지 않을 것이다."

매년 2천 켤레의 발레 슈즈를 닳게 한 연습벌레

★ 앤나 파블로바 ★

ANNA PAVLOVA

1881~1931년 | 발레리나 | 러시아

★

상트 페테르스부르크의 거리가 하얀 눈으로 덮였다. 안나는 엄마와 함께 마차를 타고 난생처음 발레 공연을 보러 가는 길이었다. 발레라는 단어만으로도 마법의 세계로 들어서는 느낌이었다.

"이제 요정의 나라를 보게 될 거야."

엄마의 속삭임에 안나는 가슴이 뛰었다.

마린스키 극장은 안나가 그때까지 보았던 곳 중 최고로 아름다웠다. 푸른색 벨벳, 빛나는 샹들리에, 황금빛 장식, 눈부신 드레스가 눈길을 사로잡았다. 차이코프스키의 음악과 함께 발레리나들이 '잠자는 숲속의 미녀' 스텝을 밟으며 등장했다. 너무나 아름다운 모습에 안나는 숨이 멎는 듯했다. 공연 내내 안나는 홀린 듯 꼼짝할 수 없었다. 공연이 끝나고 객석에 불이 들어오자 안나는 흥분한 목소리로 엄마에게 말을 쏟아냈다.

"언젠가 꼭 여기서 춤을 출 거야. '잠자는 숲속의 미녀'처럼. 엄마, 내가 이 극장에서 춤을 출 거라니까."

엄마는 흥분한 딸을 보며 미소를 지었다. 사실 안나는 발레리나가 될 만큼의 힘과 체력을 갖고 있지 못했다. 미숙아로 태어나 또래에 비해 몸집이 왜소했다. 사실 안나의 부모는 딸이 오래 살지 못할 거라 생각해 서둘러 세례를 받게 했다. 다행히 안나는 살아남았지만 자주 병치레를 했다.

안나가 두 살 때, 아버지가 세상을 떠났고 모녀는 가난해졌다. 그들은 호밀빵과 양배추 수프로 끼니를 때웠다. 안 그래도 약하게 태어난 안나는 삐삐 마르고 병약한 아이가 되었다.

안나가 여덟 살이 되자 어머니는 푼푼이 모은 돈으로 딸에게 특별한 경험을 선물하기로 했다. 바로 발레 공연이었다. 어머니의 의도와는 달리 그날 안나는 자신의 미래를 발견했다. 발레학교에 가고 싶다고 조르는 딸을 못 이겨 어머니는 왕립 발레학교에 안나를 데리고 갔다. 학교에서는 아이가 너무 어리니 2년 후에 다시 와서 오디션을 보라고 했다. 어머니는 그것으로 끝이라고 생각했지만 안나에겐 끝이 아니었다.

그로부터 2년 동안 안나는 그날 밤 공연에서 보았던 모든 동작들을 흉내 내어 보았다. 그리고 열 번째 생일날이 되자 다시 오디션을 보러 갔다. 하지만 시험은 어려웠고 경쟁률은 높았다. 매년 150명 정도가 오디션에 참여했고 그중 12명에게만 입학이 허용됐다. 그런데 안나가 합격했다. 2년의 노력이 보상을 받은 것이다. 어린 시절을 가난하게 보낸 안나에게 왕립 발레학교는 천국과도 같았다. 하루 세 끼 따뜻한 음식을 먹고, 의료진이 돌봐주는 가운데

춤, 피아노, 연기, 팬터마임을 공부할 수 있었다.

학교를 졸업하고 안나는 왕립 발레단에 입단했다. 그녀는 열여덟 살에 첫 번째 무대에 올랐다. 관객들 눈에 안나는 이제까지 본 어떤 무용수와도 달랐다. 당시의 발레리나는 모두 키가 크고 근육질의 몸을 갖고 있었다. 반면 안나는 키가 작고 가냘펐다. 하지만 보기 드문 우아함과 섬세함이 관중들의 마음을 사로잡았다.

몇 년 지나지 않아서 안나는 프리마 발레리나(발레의 여자 주인공—역주)가 되어 러시아 도시들을 돌며 공연했다. 공연이 많았던 시절, 안나는 매년 2,000켤레의 발레 슈즈를 소모했다고 한다. 믿어지지 않겠지만 매일 다섯 켤레 이상을 닳게 했다는 얘기가 된다.

인기를 얻게 된 그녀는 유럽 전역을 돌며 공연을 했다. 1910년에는 미국으로 건너가 뉴욕의 메트로폴리탄 오페라 하우스에서 공연했다. 그녀는 조국 러시아를 떠나 런던으로 이주했다. 꿈 많던 소녀 안나는 이제 자신의 꿈을 펼칠 만큼 많은 돈을 갖게 되었다. 그녀는 어린 소녀들을 위한 무용 학교를 설립했고 자신의 무용단도 만들었다.

안나가 갖고 있던 꿈 중 또 한 가지는 온 세계의 사람들에게 발레의 아름다움을 보여주는 것이었다. 이후 10년 동안 안나는 지구촌 구석구석에 발레를 소개하는 일에 최선을 다했다. 쿠바, 코스타리카, 브라질, 중국, 일본, 인도네시아, 인도, 이집트, 뉴질랜드 등 발레의 불모지나 다름없는 나라에서 공연한 것이다.

안나가 방문한 나라 중에는 이 위대한 무용수가 공연할 극장조차 없는 곳도 있었다. 하지만 열악한 상황이 안나의 열정을 꺾지는 못했다. 멕시코시티에서 그녀의 무용단은 거대한 투우장에서 공연했다! 열대의 폭풍이 몰아쳐 무용수 중 몇 명이 실신할 정도였지만, 안나는 비바람 속에서도 계속 춤을 추었다. 무대가 미끄러워 위험해지자 춤추는 안나를 강제로 무대 아래로 끌어내려야 했을 정도였다. 감동한 관중들은 모자를 던지며 환호했다.

그녀는 평생 자신의 재능을 아낌없이 나눠 주었다. 부상병, 참전 병사, 미망인, 고아, 가난한 사람, 집 없는 사람들을 돕기 위해

.... 지금 세상을 바꾸고 있는 10대 ....

제시카 왓슨
Jessica Watson

열여섯 살 제시카는 지난 4년간 혼자 힘으로 논스톱 세계 일주를 준비했다. 2009년 11월 제시카는 드디어 자신의 요트를 몰고 시드니 항구를 출발했다. 그녀의 생애에서 가장 도전적인 과제를 시작한 것이다. 그 후 7개월 동안 제시카는 맹렬한 폭풍우와 지독한 외로움을 견디고 이듬해 5월 시드니로 돌아왔다. 제시카의 세계 일주로 인해 많은 사람들이 요트를 시작하게 되었다. 2011년 제시카는 올해의 젊은 호주인 상을 수상했다.

자선 공연도 자주 했다. 안나는 난민 소녀 여러 명을 입양하기도 했다. 일을 그만해도 될 만큼 많은 돈을 갖고 있었지만, 안나는 춤추는 일을 멈추지 않았다.

50세를 넘어서도 안나는 은퇴를 거부했다. 일에 지나치게 몰두하는 습관이 그녀의 죽음을 앞당겼을지도 모르겠다. 1931년 순회 공연을 하던 중에 안나는 병으로 세상을 떠났다. 과로가 병을 악화시켰던 것이다. 비행기와 고속도로가 없었던 시절에, 안나는 80만 킬로미터 이상을 여행하면서 수천 회의 공연을 했다. 그녀의 공연을 본 사람은 수백만 명이 넘을 것이다. 대부분 관객이 안나를 통해 발레를 처음 접했다. 프리마 발레리나 안나는 자신의 일생 내내 세상 사람들에게 영감을 주고 꿈꾸는 일을 격려했다.

보지 못하고 듣지 못해도 할 일은 많다

★ 헬렌 켈러 ★

HELEN KELLER

1880~1968년 │ 사회사업가 │ 미국

★

여섯 살 헬렌은 물 펌프에서 쏟아
지는 물줄기에 한 손을 갖다 댔다. 다른 손으로는 물이란 단어의
철자(w-a-t-e-r)를 쓰고 있는 앤 선생님의 움직임을 느꼈다. 볼 수
없고 들을 수 없었던 헬렌은 어린 시절의 대부분을 아무와도 의사
소통할 수 없는 상태로 보냈다.

병을 앓아 듣지 못하게 된 헬렌은 사물에 이름이 있다는 사실을
잊어버렸고, 언어가 뭔지도 잊었다. 하지만 지금 물 펌프 옆에서
언어의 개념과 사물의 이름이 그녀에게 돌아오고 있었다. 마침내
헬렌은 이해했다! 매일 손을 씻는 이 차가운 것이 '물'이었다. 다른
모든 것들의 이름은 무엇일까? 내 이름은 무엇일까? 헬렌의 마음
속에 궁금증이 끓어올랐다.

앤 선생님의 도움으로 헬렌은 의사소통을 위한 배움을 향해 첫
걸음을 뗐다. 앤은 헬렌에게 읽고, 쓰고, 말하는 법까지 가르쳤다.
헬렌은 결국 장애를 대하는 사람들의 태도를 바꿨다. 장애를 가진
사람들은 크나큰 도전을 극복해야 하지만, 그만큼 사회에 비범한
기여를 할 수 있다는 사실을 알려준 것이다.

헬렌 켈러는 1880년 6월 27일, 앨라배마주에서 태어났다. 헬렌은 총명한 아이였다. 첫돌이 되기 전에 걸었고 몇 마디 말도 할 수 있었다. 하지만 그녀가 19개월 됐을 때 비극이 찾아왔다. 목숨이 위태로운 큰 병에 걸린 것이다. 다행히 회복은 되었지만, 그때부터 보지도 듣지도 못하는 상태가 되었다.

그로부터 5년 동안 그녀는 빛과 소리가 없는 세상에 갇혀 살아야 했다. 다른 어린 소녀와 마찬가지로 헬렌도 장난감을 갖고 놀기를 즐겼다. 특히 인형을 좋아했는데, 자신이 낸시라고 이름 붙인 인형을 가장 좋아했다. 하지만 헬렌은 변덕이 심해서 때때로 자기가 좋아하는 인형을 두들겨 패다가, 몇 분 지나지 않아 그 인형을 사랑스럽게 안아 주곤 했다.

헬렌의 부모는 딸의 그런 행동이 걱정되었지만, 안타깝게도 딸아이와 소통할 방법이 없었다. 부모는 헬렌에게 몇 가지 쉬운 신호를 가르쳤다. 고개를 끄덕이면 '예', 고개를 옆으로 흔들면 '아니오', 그리고 배고프면 빵을 써는 시늉을 하는 것과 같은 신호들이었다. 헬렌은 옷을 접어 정리하는 것과 같은 몇 가지 일상적인 일을 할 수도 있었다. 하지만 헬렌의 부모는 딸이 옳고 그름의 차이를 배우지 못할까 봐, 또 딸아이의 난폭한 성정을 바로잡지 못할까 봐 걱정이 많았다.

헬렌이 여섯 살이 됐을 때, 부모님은 앤 설리번을 딸의 가정교사로 고용했다. 당시 앤은 겨우 스무 살이었지만, 자신의 곤경을 극복한 경험을 갖고 있었다. 고아였던 앤은 열네 살 때 퍼킨스 맹아학교에 입학했다. 앤은 법적으로 맹인이었고 글을 읽을 줄 몰랐지만, 학교에 들어가자 엄청나게 빠른 속도로 배울 수 있었다. 몇 차례 수술을 거듭한 후 앤의 시력은 거의 다 회복되었다. 그녀는 맹인으로 살았던 경험을 살려 다른 맹인 아이를 돕고 싶어 했다.

이제 앤은 헬렌을 가르쳐야 하는 어려운 과제에 직면했다. 처음 몇 주 동안 앤은 헬렌에게 여러 가지 물건들을 주고 그것들의 이름을 손에 써 주었다. 하지만 헬렌은 물건들과 단어를 연결하지 못했다. 물 펌프에서 물의 느낌과 단어를 연결한 것이 최초의 성공이었다. 그날부터 헬렌은 빠르게 지식을 습득했다. 여름이 끝나 갈 무렵까지 헬렌은 625개의 단어를 배웠다. 그렇게 몇 년이 지나자, 헬렌은 점자를 읽고, 쓰고, 타이핑할 수 있게 되었고, 말도 할 수 있게 되었다.

당시 장애를 가진 사람에 대한 교육은 큰 논란거리였다. 대부분이 장애인을 교육하는 것은 불가능하고, 그럴 필요도 없다고 생각하고 있었다. 하지만 헬렌과 앤은 그런 생각이 얼마나 터무니없는 것인지를 증명했다. 헬렌은 정규 학교를 다녔고 문학, 수학, 역사, 외국어 등을 배워 나갔다. 1900년, 수많은 역경을 극복하고 스무 살의 헬렌 켈러는 명문 래드클리프대학에 입학했다. 앤은 헬렌과 함께 수업에 참석해 강의 내용을 헬렌의 손에 옮겨 적어 주었다. 4년 후 헬렌은 최고의 성적으로 졸업했다.

헬렌은 이후 자신의 삶을 시각장애인의 권리를 옹호하는 일과 저술에 바쳤다. 헬렌의 첫 번째 책 '내가 살아온 이야기'는 1903년 출간 즉시 베스트셀러가 되었고 50개 이상의 언어로 번역되었다.

대학을 졸업하자마자 헬렌과 앤은 미국과 유럽으로 강연 여행을 떠났다. 헬렌은 여성의 권리와 세계 평화를 주장했다. 그러나 헬렌의 가장 큰 업적은 시각장애인을 위한 아메리카재단과 함께한 것이었다. 헬렌은 맹인들을 위한 교육과 일자리를 확대해 달라고 요구했고, 자신의 명성을 바탕으로 대중의 인식을 바꿔 나갔다. 1964년 미국 정부는 헬렌에게 미국 최고의 훈장인 자유의 메달을 수여함으로써 그녀의 용기 있는 활동을 기렸다.

헬렌은 자신의 성공이 앤 선생님의 헌신 덕분이라고 말한다. '내가 살아온 이야기'에서 헬렌은 이렇게 쓰고 있다.

이제까지의 내 삶에서 가장 중요했던 하루를 꼽는다면, 그건 앤 설리번 선생님이 내게로 오신 날이다. 그 기념할 만한 날의 오후, 나는 뭔가를 기대하며 멍하니 현관에 서 있었다. 나는 어머니의 신호와 집안에서 느껴지는 부산스러움을 통해 막연히 무슨 일이 있겠거니 예상했다. 그때 다가오는 발걸음이 느껴졌다. 누군가가 내 손을 잡았고, 내 몸은 들어 올려져 누군가의 품에 안겼다. 그분은 내게 모든 것을 드러내 주기 위해, 그리고 무엇보다 나를 사랑해주기 위해 온 분이었다.

1936년 앤이 세상을 떠날 때까지, 헬렌과 앤은 함께 일했다. 두 사람은 장애인을 향한 교육과 차별의 장벽을 무너뜨렸고, 그때까지 세상 사람들이 갖고 있던 편견을 영원히 변화시켰다.

흑인, 원주민, 여성이라는 3개의 벽을 격파한 소녀

★ 에드모니아 루이스 ★

EDMONIA LEWIS

1845~1907년 │ 조각가 │ 미국, 이탈리아

탁! 무거운 망치가 끌을 때리자 대리석 덩어리가 바닥으로 떨어졌다. 탁! 또 한 조각이 떨어졌다. 탁! 또 한 조각…. 에드모니아 루이스는 뒤로 물러서서 남아 있는 돌을 살펴보았다. 그녀는 좀 더 작은 끌과 망치를 들고 대충 윤곽이 잡힌 돌덩어리를 다시 두드리기 시작했다. 팅, 팅, 팅! 에드모니아의 끌질에 돌가루들이 날리면서, 서서히 영웅의 얼굴이 드러나기 시작했다.

'사람들이 무슨 얘기를 하든 난 상관하지 않을 거야!' 에드모니아는 돌을 깎으며 다짐했다. 그녀는 '로버트 굴드 쇼' 대령의 사진을 보면서, 몇 달 전 보스턴에서 흑인 사병 연대를 지휘하던 그의 모습을 떠올렸다. 흑인 사병들은 노예제도에 대항해 싸우기 위해 남북전쟁에 참전하러 가는 길이었다. 에드모니아는 흑인 병사들을 보며 뿌듯해했고, 그중에 그녀가 다닌 대학 출신 병사가 많이 포함되어 있다는 사실이 매우 자랑스러웠다.

하지만 지금은 쇼 대령은 물론이고 병사들 대부분도 전사한 상태다. 에드모니아가 행진 모습을 지켜본 지 6주 만에 그들은 사우스캐롤라이나의 남부군 진지를 공격하다 목숨을 잃었다. 에드모니아는 쇼 대령과 병사들의 희생과 용기를 기리기 위해 조각상을 만들기로 결심했다. 백인 친구들은 "네가 그 정도 실력은 아니지"라고 했지만 그녀는 포기하지 않았다.

에드모니아 루이스는 1845년 뉴욕주에서 태어났다. 아버지는 자유인 신분의 아프리카계 미국인(흑인), 어머니는 아메리카 원주민 중 하나인 치페와족 출신이었다. 어머니는 모카신(북미 원주민들이 신던 납작하고 부드러운 가죽 신-역주)을 잘 만드는 장인으로 유명했다. 에드모니아는 어머니가 유목민처럼 살았다고 회상한다.

"어머니는 자주 집을 떠나 부족민들과 함께 떠돌았고, 우리 형제들을 야생의 방식으로 키웠어요. 저도 열두 살이 될 때까지 유랑 생활을 하며 고기를 잡고 헤엄치며 놀다가 모카신을 만들었어요."

그녀가 아홉 살 때 부모님이 돌아가셨다. 에드모니아는 외가 친척들과 함께 나이아가라 폭포 지역으로 이주했다. 폭포를 찾는 관광객들에게 아메리카 원주민의 기념품을 팔아 생계를 유지했던 것이다. 당시 미국과 캐나다의 국경이었던 나이아가라강은 자유를 찾아 캐나다로 탈출하는(캐나다에서는 이미 노예제도가 폐지되었다) 흑인 노예들에게 인기 있는 도하 지점이었다.

에드모니아는 자유를 위해 달려가는 노예들과 그들을 추적하는 노예 주인들을 보며 자랐다. 그녀의 가족들은 도망치는 노예로 보이지 않기 위해 늘 조심해야 했다. 까딱 잘못하다가 총에 맞거나 납치되어 노예 생활을 해야 할 수도 있었다.

에드모니아의 오빠인 선라이즈는 부모님이 돌아가신 후 미국 서부로 가서 꽤 성공했다고 한다. 오빠는 에드모니아가 학교를 다닐 수 있도록 학비를 대주었다. 에드모니아는 이후 오하이오주의 오벌린 칼리지에 다니게 되었는데, 그곳은 미국 내에서 흑인과 여성을 학생으로 받는 몇 안 되는 학교였다. 학교 선생님들과 학생들은 노예제도를 폐지하기 위해 싸웠다.

에드모니아는 학교를 다니며 자신이 예술에 소질이 있다는 것을 알게 되었고, 조각가가 되겠다고 결심했다. 그런데 학교는 그녀 일생에서 가장 큰 비극을 안겨주었다. 1862년 그녀의 백인 여자 친구 두 명이 에드모니아를 고발했다. 썰매 경주에 나가는 그들을 방해하기 위해 그녀가 음식에 이상한 향료를 넣었다는 것이다. 에드모니아는 재판을 받게 되었는데, 그 사이에 누군가 그녀를 납치해 정신을 잃을 정도로 구타했다. 에드모니아는 재판을 받기 위해 법정에 걸어 들어갈 수 없을 정도로 큰 상처를 입었다.

결국 고발은 기각되었지만 판결과 상관없이 그녀가 입은 피해는 심각했다. 동네의 백인 주민들은 그녀에 대한 의심을 거두지 않았고, 학교 친구들은 그녀를 조롱했다. 에드모니아는 마지막 학기를 채우지 못하고 학교에서 쫓겨났다.

하지만 그녀는 꺾이지 않았다. 자신의 결백을 증명하겠다는 의

지와 조각에 대한 열정으로, 그녀는 보스턴으로 향했다. 유명한 조각가였던 에드워드 브래킷에게 조각을 배우기 위해서였다.

그녀가 판매한 첫 번째 작품은 어린아이의 발을 조각한 것인데 판매 가격은 8달러였다. 첫 작품 판매에 성공한 이후, 그녀는 자신의 작업실에 작은 팻말을 걸었다. 팻말엔 이렇게 쓰여 있었다.

'에드모니아 루이스, 예술가'

에드모니아는 곧 자신의 길을 찾았다. 다른 조각가들은 고대 그리스 조각상의 형태와 주제를 모방했지만 그녀는 늘 색다른 주제를 선택했다. 버지니아에서 반노예 운동을 이끌었던 존 브라운의 석고 메달, 남북전쟁에서 흑인 사병으로 조직된 군인을 이끌었던 로버트 쇼 대령의 반신상 등이다. 쇼 대령의 가족은 그녀의 작품에 감동해 작품의 복사본을 팔 수 있는 권리를 허락해 주었다.

그리고 에드모니아의 재능을 의심하던 사람들이 깜짝 놀랄 일이 일어났다. 한 모금 행사에서 쇼의 반신상 복사본이 100개 가까이 팔린 것이다. 그녀는 수익금의 일부를 기부하고, 나머지는 세계 조각의 심장부라 할 수 있는 이탈리아로 유학 가는 경비로 썼다. 그녀의 재능은 이탈리아에서 활짝 꽃피었다.

에드모니아의 작품엔 자신의 평범하지 않은 삶이 녹아 있었다. '영원한 자유'는 끊어진 사슬을 두르고 노예제도가 끝났다고 기뻐하는 흑인을 조각한 것이고, '화살 만드는 늙은 인디언과 그의 딸'은 그녀를 길러준 치페와 부족의 모습을 조각한 것이다.

에드모니아의 말기 작품 중 하나인 '클레오파트라의 죽음'이 필라델피아 만국박람회에서 대성공을 거뒀고, 평론가들은 최고의 찬사를 보냈다. 심지어 그녀를 쫓아냈던 오벌린 칼리지의 평론가조차 이렇게 썼다.

'저명한 조각가, 루이스 양이 16년 전 첫 미술 수업을 받았던 곳이 바로 이곳 오벌린이다.'

에드모니아는 자신의 존재를 증명했다. 그녀의 절반은 흑인, 나머지 절반은 아메리카 원주민이었고, 게다가 여성이었다. 당시에는 흑인, 아메리카 원주민, 여성 모두 제대로 된 권리와 기회를 가질 수 없었다. 하지만 에드모니아는 편견과 싸워 승리했고, 가난을 극복했고, 그녀를 절망시킬 수도 있었던 가혹한 사건을 이겨냈다. 그녀는 세계적 명성을 얻은 최초의 흑인이자 원주민 여성이었다. 그녀는 이제 여성과 소수민족 예술가들이 갈 길을 밝히는 등불이 되었다.

장애를 가진 이들에게 음악을 선물하다

★ 마리아 테레지아 폰 파라디스 ★

MARIA THERESIA VON PARADIS

1759~1824년 │ 피아니스트, 작곡가 │ 오스트리아

★

마리아 테레지아의 작은 손가락
이 피아노 건반을 훑고 있었다. 그녀는 앞을 볼 수 없었지만, 상아
로 만들어진 건반의 차갑고 매끄러운 촉감을 느낄 수 있었다. 건반
하나를 누르자 투명하고 사랑스러운 소리가 났다. 그녀는 황홀감
에 빠졌다. 몸집이 너무 작아서 간신히 건반을 눌러야 했던 이 소
녀는 얼마 지나지 않아 전 세계의 청중을 놀라게 했고, 공개 연주
회를 한 최초의 여류 음악가가 되었다.

마리아 테레지아 폰 파라디스는 1759년 오스트리아 비엔나에서
태어났다. 그녀의 아버지는 마리아 테레지아 여제(여자 황제-역주)의
궁정 비서였는데, 딸의 이름도 여제의 이름을 딴 것이다. 마리아
테레지아는 세 살 때 시력을 잃었는데 병 때문이라는 얘기도 있고
사고를 당했다는 얘기도 있다. 아무튼 그녀는 아주 어릴 때부터 음
악에 뛰어난 재능을 보였지만, 눈으로 악보를 볼 수 없었기에 모든
음악을 귀로 익히고 기억해야 했다.
다행히 그녀의 천재성을 알아본 여제의 지원으로 마리아 테레지

아는 최고의 선생님들에게 음악 교육을 받을 수 있었다. 그녀는 열한 살 때 최초의 연주회를 열어 오르간을 연주하고 노래를 불렀으며, 열여섯 살에는 이미 피아노의 명인이자 뛰어난 가수로 인정받게 되었다.

1783년 그녀는 3년 일정의 유럽 순회 연주 길에 올랐다. 가는 곳마다 엄청난 인기를 모았지만 그녀의 가장 중요한 방문지는 파리였을 것이다. 파리에서 마리아 테레지아는 열네 곡을 연주했을 정도도 찬사를 받았으며, 유럽 최초의 시각장애인을 위한 학교를 만들려는 계획을 갖고 있던 '발렌틴 호이'를 만났다.

장애를 가진 사람들을 기피하는 것이 당연하던 시절이었지만, 그녀는 다른 시각장애인들이 재능을 발전시킬 기회를 갖게 되길 간절히 바랐다. 마리아 테레지아는 호이에게 자신이 어떻게 수학과 읽기, 음악을 배웠는지 설명해 주었다. 호이는 그녀로부터 시각장애인 학교의 교육 방법에 대한 훌륭한 조언을 들을 수 있었다.

연주 여행을 하면서도 마리아 테레지아는 작곡을 병행했다. 그녀는 보드에 핀을 꽂아서 곡을 기록하는 방법도 개발했다. 그러면 다른 사람이 그걸 보고 오선지에 옮겨 적을 수 있었다. 이 천재 음악가는 최소한 다섯 개의 오페라와 세 개의 칸타타, 그리고 많은 소품을 작곡했다.

1808년 마리아 테레지아는 비엔나에 음악학교를 열었다. 그녀의 바람은 소녀들에게 음악 교육을 받을 기회를 주는 것이었다. 당시에 여자들은 음악 교육을 받을 수 없었다. 그녀가 세운 음악학교에서는 시각장애인과 정상인 학생을 가리지 않고 피아노, 성악, 음악 이론을 가르쳤다. 학교는 큰 성공을 거두었다.

마리아 테레지아는 1824년 세상을 떠날 때까지 가르치는 일을 계속했다. 그녀는 자신을 위해서뿐만 아니라 여성과 장애인에 대한 편견을 극복하기 위해서도 열심히 일했다. 마리아 테레지아의 일생은 한 명의 소녀가 성취할 수 있는 일에는 한계가 없다는 사실을 세상 사람들에게 보여 주고 있다.

GiRls Who Rocked the WORld

GiRls Who
Rocked
the WoRld

CHAPTER 3

자기 계발을 넘어 자기 혁신을 이룬 10대들

스타이지만 좋은 세상도 만들고 싶어!

★ 나탈리 포트만 ★
NATALIE PORTMAN

1981년~ | 배우 | 이스라엘, 미국

나탈리는 청바지에 폭신한 체크 무늬 코트 차림에, 갈색 머리를 뒤로 넘겨 늘어뜨린 모습이었다. 그녀는 말뚝 울타리에 장갑 낀 손을 올려놓았다. 겨울 아침에 볼 수 있는 평범한 이웃집 소녀와 다르지 않았다. 그녀를 둘러싼 촬영 스태프만 없었다면 말이다.

사실 나탈리는 이웃집 소녀가 맞다. '뷰티풀 걸'이란 영화에서 그녀는 주연 배우의 이웃에 사는 소녀 역할을 맡았다. 나탈리가 자신의 대사를 시작했다. 이웃집 아저씨의 눈 치우는 능력에 대해 농담을 주고받는 장면이었다. 10대 초반의 소녀였지만 그녀의 연기하는 모습은 침착했고 자신감이 넘쳤다.

이 장면은 2분 30초에 불과했지만, 그 짧은 시간에 나탈리는 이 영화에서 연기해야 할 엉뚱한 캐릭터를 성공적으로 만들어냈다. 영화가 개봉되자 나탈리의 연기는 극찬받았고, 시카고 영화비평가 협회로부터 최우수 조연배우상 및 가장 촉망되는 여배우상의 후보로 지명되기까지 했다. '뷰티풀 걸'을 발판으로 나탈리는 가장 성공한 영화 스타가 되었다.

나탈리 포트만으로 알려진 이 여배우는 1981년 이스라엘에서 태어났다. 나탈리가 세 살 때 가족은 미국으로 이주했고, 워싱턴 DC와 뉴욕에서 살았다. 나탈리는 어려서부터 예술적 재능을 드러냈다. 나탈리는 춤과 연극을 배웠고, 이웃의 친구들과 함께 공연 장면을 흉내 내며 놀기도 했다.

그녀는 어릴 때부터 사람들의 눈길을 끌었다. 열한 살 때는 피자 가게에서 레블론 화장품의 모델 제의를 받았지만 연기에 집중하고 싶다는 이유로 거절했다. 그러다 열두 살 때, 자신의 데뷔작인 영화 '레옹'을 통해 스타가 될 기회를 잡았다. 레옹은 부모가 살해당한 후 킬러의 제자가 되는 소녀의 이야기다. 레옹에서 나탈리의 연기가 좋았다는 데는 모두가 동의했지만, 일부 평론가들은 성인 취향의 폭력적인 영화에 어린 소녀가 출연한 것을 불편하게 생각했다.

레옹으로 데뷔한 지 얼마 지나지 않아서, 나탈리는 다른 배역을 따냈다. 1996년 개봉한 영화 '뷰티풀 걸'이다. 영화에서 그녀가 맡은 역할은 조숙한 이웃집 소녀 마티였는데, 비평가들은 다시 한번 나탈리의 연기에 감동받았다. 당시 뉴욕타임스에는 이런 기사가 실렸다.

'신인 배우가 주연보다 더 눈길을 끄는 신스틸러 연기를 했다.'

1990년대 후반, 나탈리는 영화계의 떠오르는 별이 되어 다양한 영화에 참여했다. '여기보다 어딘가에'에서는 엄마와 함께 미국을 횡단하는 딸을, 스타워즈 속편 3부작에서는 파드메 아미달라 여왕을 연기했다. 2000년대 들어서서는 '클로저', '브이 포 벤데타', '천일의 스캔들', '블랙 스완' 등의 영화에서 주연을 맡았다.

나탈리는 도전적인 역할을 겁내거나 피한 적이 없었다. 다양한 역할을 맡아 성공했다는 사실이 그녀의 다재다능함을 말해 준다. 나탈리는 역할을 맡을 때마다 최선을 다해 준비하는 것으로 알려져 있다. '브이 포 벤데타'에서의 배역을 소화하기 위해 나탈리는 삭발했고, 영국 억양의 완벽한 영어를 구사하기 위해 발성 코치를 두고 일상생활에서도 영국식 영어를 사용했다고 한다.

'블랙 스완'에서 발레리나 역을 하기 위해 하루 8시간씩 발레 연습을 했고 갈비뼈 부상과 뇌진탕에도 불구하고 연기를 이어갔다. 그렇게 배역에 완전히 몰입하는 비결이 뭐냐는 질문에 그녀는 이렇게 답했다.

"연기의 가장 좋은 점은 다른 사람의 삶을 살아 보고, 그들과 같은 경험을 할 수 있다는 거예요. 그 사람들의 눈에 세상이 어떻게 보이는지를 알게 되는 거죠."

나탈리는 아카데미상, 골든글로브상, 미국배우조합상, 영국아카데미상 등 수많은 상을 받았다. 그녀의 연기는 연극으로도 확장되어 브로드웨이에서 공연된 연극 '안네 프랑크의 일기'에서 주연을 맡았고, 안톤 체호프의 연극 '갈매기'에도 출연했다. 그녀는 영화 제작사를 설립해 영화 제작자로도 활동하기 시작했다.

나탈리는 평생 자신을 계발하기 위해 온 힘을 다했다. 배우로 성공한 만큼 학업에서도 탁월한 성취를 보였으며, 미국에서 가장 권위 있는 고등학생 과학 경시대회인 '인텔 과학 영재 경선'의 준결승까지 진출했다.

나탈리는 졸업시험 공부를 위해 스타워즈 시사회에 불참하고, 하버드대학에 입학해 심리학을 전공하면서는 공부에 집중하기 위해 방학 때만 영화를 찍었다는 이야기로 유명하다.

하버드대학 졸업 후에도 그녀는 예루살렘의 헤브루대학에서 공부를 계속했다. 그녀는 헤브루어와 영어를 능숙하게 구사하면서 아랍어, 프랑스어, 독일어, 일본어도 배웠다.

나탈리는 다양한 사회 문제에도 관심을 갖고 있다. 동물의 권리에 대해 강한 신념을 갖고 있는 그녀는 여덟 살 이후 채식주의자로 살고 있다. 모피, 가죽, 깃털 등 동물의 사체를 사용한 옷을 입지 않으며, 동물로부터 얻은 재료를 전혀 사용하지 않는 신발을 만들어 출시하기도 했다.

또 한 가지 나탈리가 소망하는 것이 있다. 전 세계의 가난한 사람들이 자신과 가족을 돌볼 수 있을 만큼 돈을 벌 수 있는 세상을 만드는 것이다. 나탈리는 개발도상국의 저소득층을 지원하는 국제 기구와 함께 일하고 있다. 그들이 하는 사업 중에는 '소액융자'라는 것이 있는데, 자신의 사업을 시작하려는 사람들(주로 여성들)에게 소액의 자금을 지원하는 일이다.

나탈리는 '블랙 스완'을 촬영하면서 만난 프랑스 출신의 발레리나 '벵자맹 밀피'와 가정을 이루었고 아들을 얻었다. 나탈리는 이제 자신의 삶에 엄마란 역할을 추가했다. 그녀는 지성, 창의성, 배움에 대한 갈증으로 늘 새로운 도전을 준비하고 있다. 우리는 그녀의 진화된 연기는 물론 새로운 도전에 성공하는 모습을 지켜볼 수 있게 되었다.

온 세상 사람이
음악을 느낄 수 있도록

★ 고토 미도리 ★
MIDORI GOTO

1971년~ | 바이올리니스트 | 일본, 미국

★

축제는 야외에서 열렸는데 여름 밤은 덥고 습했다. 무대 위엔 열네 살 미도리가 서 있었고, 그녀의 앞엔 유명한 작곡가이자 지휘자인 레너드 번스타인이 있었다. 보스턴 심포니 오케스트라의 연주자들에 둘러싸인 미도리는 '탱글우드 뮤직 페스티벌' 공연에서 바이올린 독주를 맡았다.

지금 미도리는 어렵기로 유명한 '바이올린과 현악 오케스트라 그리고 타악기를 위한 세레나데'를 4악장까지 훌륭히 연주해 청중들을 놀라게 한 상태였다. 마지막 악장인 제5악장이 시작되었다. 뉴욕타임스는 이날 연주를 '기술적으로 거의 완벽했다'라고 평하며, 어려운 작품에 도전한 미도리에게 찬사를 보냈다.

마지막 악장을 연주하는 동안 바이올리니스트라면 누구나 두려워하는 사고가 났다. 바이올린의 줄이 끊어진 것이다. 하지만 미도리는 침착했다. 몸을 돌려 악장의 바이올린을 빌렸던 것이다. 그것은 미도리가 연주하던 바이올린과 달랐고 눈에 띄게 컸지만, 미도리는 '세레나데' 연주를 이어갔다.

다행히 위기는 잘 수습된 듯했다. 하지만 잠시 후 생각할 수도 없는 일이 일어났다. 또다시 바이올린 줄이 끊어진 것이다! 이번에 미도리는 부악장의 바이올린을 빌려야 했다. 그 바이올린은 미도리가 쓰던 것과 많이 달랐다. 경험이 많은 연주자도 당황할 수밖에 없는 상황이었지만 미도리는 마지막까지 매끄럽게 연주를 끝냈다. 연주가 끝나자 청중과 동료 연주자들 모두 일어나 열렬한 박수갈채를 보냈고, 지휘자였던 번스타인은 감격에 겨워 이 어린 연주자를 부둥켜안았다. 당시 그 자리에 있었던 사람들은 자신들이 전 세계적으로 돌풍을 일으킬 젊은 연주자의 역사적인 연주와 함께했다는 사실을 몰랐을 것이다.

고토 미도리는 1971년 일본 오사카에서 태어났다. 그녀는 걸음마를 시작할 때부터 바이올린에 관심을 가졌고, 부모님을 졸라 세 살 생일에 바이올린을 선물받았다. 미도리는 네 살 때부터 바이올리니스트였던 어머니와 함께 음악 공부를 시작했다. 1980년대 초 미도리 가족은 미국으로 이주했고, 그녀는 세계적으로 유명한 줄리어드 음악학교에서 20세기 최고의 바이올린 지도자로 알려진 '도로시 딜레이'에게 배울 수 있었다.

그녀는 겨우 열한 살 때 뉴욕 필하모닉 오케스트라의 '송년의 밤' 축제를 통해 데뷔했다. 미도리의 연주는 원래 프로그램에 없었는데, 그녀의 재능에 깊이 감명받은 오케스트라의 음악 감독이 마지막 순서에 그녀를 넣어 주었던 것이다. 미도리를 전설로 만든 탱글우드의 연주는 그로부터 몇 년 후에 이루어졌다. 이후 미도리는 전 세계를 순회하며 수천 회의 연주회를 했다. 1년에 100회의 연주회를 한 적도 있었다. 그녀는 열네 살 때부터 음반을 녹음했고 수많은 앨범을 냈다.

열다섯 살이 되자 미도리는 줄리어드 음악학교를 떠나 자신만의 방식으로 바이올린을 공부하겠다고 결심했다. 그녀가 혼자 공부하던 이 시기는 바이올리니스트로서의 독특한 기법과 안목을 개발하는 데 큰 도움이 되었다. 미도리는 그 시절을 이렇게 회상한다.

"그때 스스로에 대해 많은 생각을 했답니다. 저는 스스로의 교사가 되어야 했고, 음악을 듣는 능력을 개발해야 했으며, 아주 비판적으로 자신을 평가해야 했어요."

미도리는 일생에 걸쳐 성장을 계속했고, 그녀의 성공은 오늘날까지 이어지고 있다. 현재 그녀는 서든 캘리포니아 대학의 손튼 음악학교 교수로서 학생들을 가르치고 있다. 미도리는 공동체들과 함께 일하는 데도 많은 시간을 할애한다.

"저는 늘 교육에 관심이 많았어요. 받기만 하지 말고 다른 사람을 도와주고 공동체의 일부가 되어야겠다고 생각했죠."

1992년 그녀는 '미도리와 친구들'이란 재단을 설립해 어린이들이 일상생활에서 음악을 즐길 수 있도록 노력하고 있다. 뉴욕에 거점을 둔 이 비영리 재단은 공립학교들과 협력해 연주회, 워크숍 활동 등을 통해 어린이들이 음악과 친해질 기회를 제공하고 있다. 미도리는 자신의 조국인 일본에도 '음악 공유'라 불리는 단체를 만들었다. 또한 청소년 오케스트라를 지원하고, 작은 마을 공동체에까지 세계 일류 음악을 소개하는 단체들을 설립하기도 했다. 2007년 그녀는 유엔 평화사절로 임명되었고, 이를 계기로 미도리의 공동체 지원 활동이 전 세계적으로 알려지게 되었다.

음악에 그렇게 큰 재능을 갖고 있다면 음악에 전념해야 한다고 생각할 수도 있지만, 미도리는 다른 관심사에 대해서도 열정을 쏟았다. 10대 시절 미도리는 역사와 고고학에 푹 빠졌다. 그녀는 책 읽기를 좋아하고, 글쓰기와 연극 관람도 즐긴다. 대학에서는 심리학과 젠더(성) 과학을 전공했고, 두 전공 모두 석사학위를 취득했다.

소녀 시절 미도리가 갖고 있던 광범위한 관심사는 그녀의 음악을 풍요롭게 만들어 주었지만, 음악에 집중할 수 없다는 고민 역시 안겨 주었다. 탱글우드에서 역사적인 연주를 마친 직후, 즉 자신이 세계에서 가장 재능 있는 젊은 음악가임을 증명한 지 며칠 되지 않은 시점에서, 미도리는 기자에게 이렇게 말했다.

"아직은 제가 무엇을 원하는지 확신할 수 없어요. 작가가 될지 고고학자가 될지 모르겠어요. 아니면 바이올리니스트가 될 수도 있겠죠."

앞의 두 가지 중 하나를 선택했더라도 미도리가 만족한 삶을 살았을지 모르지만, 전 세계 음악 애호가들에게는 미도리가 마지막 선택지를 택한 것이 행운일 것이다.

자신의 가능성을 끊임없이 시험한 강철 소녀

★ 베이브 디드릭슨 자하리아스 ★
BABE DIDRIKSON ZAHARIAS

1911~1956년 | 골프선수 | 미국

★

오늘은 베이브가 세미 프로 농구
팀인 '골든 사이클론즈' 소속으로 뛰는 첫날이다. 하필이면 첫 게임
부터 미국 챔피언 팀과 붙게 되자 선수들은 잔뜩 긴장한 눈치였다.
하지만 베이브는 전혀 불안해하지 않았다. 그녀는 달리고 패스하
고 슛을 쐈다. 또 달리고 패스하고 슛하고, 다시 달리고 패스하고
슛하고….

결국 골든 사이클론즈가 승리했고, 베이브는 상대 팀 전원이 넣
은 골보다 더 많은 골을 혼자서 기록했다. 모두가 그녀의 초인적
운동 능력에 경탄했다. 베이브는 거의 모든 스포츠에서 발군의 실
력을 발휘했다. 골프, 육상, 농구, 양궁, 스키트 사격, 수영, 다이
빙, 승마, 당구는 일부일 뿐이다. 베이브의 일생은 그 자체로 모든
여성 운동선수에게 힘과 용기를 불어넣어 주었다.

'밀드레드 엘라 디드릭슨'은 1911년 테사스주의 작은 도시에서
태어났다. 그녀의 집은 매우 가난했고 그녀를 포함한 일곱 남매는
어려서부터 가족의 생계를 도와야 했다. 밀드레드는 돈을 벌기 위

해 무화과를 따고 감자 포대를 꿰맸다. 그녀의 유일한 즐거움은 갖 가지 운동이었다. 그녀는 어린 시절부터 최고로 위대한 운동선수 가 되겠다고 결심했다.

밀드레드가 처음 관심을 가졌던 스포츠는 야구였다. 그녀는 동 네 야구 경기에서 홈런을 펑펑 날리는 힘 좋은 타자였다. 아이들은 당시에 유명했던 강타자 베이브 루스의 이름을 따서, 그녀를 '베이 브'라는 별명으로 불렀다. 밀드레드는 체육관의 철봉과 역도 장비 로 체력을 단련하면서 이웃의 아이들과 야구나 농구 경기를 하며 성장했다.

고등학생이 되자 베이브는 소녀들이 할 수 있는 모든 운동을 섭 렵했다. 베이브는 농구팀에서 각광받았고 이내 스타가 되었다. 그 녀를 눈여겨본 여자 실업 농구팀 '골든 사이클론즈' 감독이 그녀를 스카우트했고, 베이브는 팀을 국내 챔피언에 올려놓았다. 1930년 베이브는 전미 여자 농구 올스타팀의 포워드로 선정됐다.

그런데 여기서 이야기가 이상하게 돌아간다. 농구로 정상에 우 뚝 선 그녀가 돌연 육상에 도전한 것이다. 1932년 그녀는 미국 아 마추어 육상연맹이 주최한 여자부 선수권 대회에 출전해 8개 종목 중 무려 5개에서 우승했다. 남은 종목 중 하나는 동률 1위, 또 한 종목은 2위였다. 베이브 혼자 팀이 우승할 수 있는 점수를 다 따낸 것이다.

이후 베이브는 1932년 로스앤젤레스 올림픽에 출전했다. 경기

전 베이브는 기자에게 "눈에 보이는 모든 선수를 이길 작정이에요" 라고 말했다. 그리고 베이브는 정말 자신의 말대로 했다. 투창 경기에서 세계 신기록을 수립하며 금메달을 땄고, 허들에서 금메달 하나를 추가했으며, 높이뛰기에서는 은메달을 땄다!

올림픽에 참가하느라 로스앤젤레스에 머무는 동안 베이브는 골프 경기에 관심을 갖게 되었다. 처음 해보는 운동이었지만 그녀의 타고난 능력은 대단했다. 이제 베이브는 골프에서도 성공해보겠다고 마음을 먹었다. 그녀는 열심히 훈련했다. 어떤 때는 하루 열여섯 시간을 훈련하기도 했다. 그런 노력으로 베이브는 1935년 텍사스 여자 골퍼 초청 토너먼트에서 우승했다. 그녀는 당시를 이렇게 회고했다.

주말이면 하루 열두 시간에서 열여섯 시간씩 골프 연습을 했어요. 여러 종류의 샷을 연습하고, 연습하고, 또 연습했죠. 손에 물집이 잡히고 피가 날 때까지 공을 쳤어요. 더이상 연습할 수 없을 정도로 주위가 어두워지면 집으로 돌아와 저녁을 먹었어요. 그러고는 골프 규정집을 손에 들고 잠자리에 들었죠.

1938년 베이브는 골프 토너먼트에 출전한 레슬링 선수와 결혼했다. 결혼 후에도 그녀는 골프선수 생활을 계속했고, 17개 토너먼트에서 내리 우승했다! 베이브는 영국 여자 골프 선수권 대회에서 우승한 최초의 미국인이기도 하다. 하지만 여기가 끝이 아니다. 1950년 베이브는 미국 여자 프로골프협회LPGA를 공동 설립했다. 이 단체를 통해 베이브는 여자 프로골프 토너먼트를 후원했고, 그 결과 점점 더 많은 여성이 골프에 관심을 갖게 되었다. 오늘날 LPGA 토너먼트는 여자 프로 골퍼에게 수백만 달러의 상금을 주고 있다. 베이브는 자서전에서 LPGA 설립에 대해 이렇게 밝히고 있다.

> 열 살도 되기 전에 나는 내 자신이 무엇이 되고 싶은지를 정확히 알고 있었다. 내 목표는 역사상 가장 위대한 운동선수였다. 승리하기 위해서 나는 지쳐 나가떨어질 때까지 자신을 몰아붙였다. 나는 한 번도 대충하거나 치사한 방법을 쓴 적이 없다. 내게 훌륭한 스포츠맨십은 승리하는 것만큼이나 중요하기 때문이다. 스포츠맨십에 어긋나는 방법을 써서 승리한다면, 내 사전에서 그것은 진정한 승리가 아니다.

1953년 베이브는 암을 진단받았다. 그녀는 평소와 같이 투지를 불태우며 병에 맞섰고 수술을 받은 후 몸을 회복했다. 그리고 1954년 열린 미국 여자 골프 오픈 토너먼트에서 기적처럼 우승했다. 베이브는 챔피언답게 두 해를 더 버텼지만 1956년 암이 재발해 마흔

다섯의 나이로 세상을 떠났다.

베이브는 일생에 걸쳐 유명한 상과 영예를 모두 획득했다. 통신사 연합이 선정하는 올해의 여자 운동선수에 여섯 번이나 이름을 올렸고, 1951년에는 세계 골프 명예의 전당에 올랐다. 스포츠 역사가들은 미국 스포츠 역사에서 가장 뛰어나고 영향력 있는 스포츠 스타로, 베이브 루스에 이어 그녀를 두 번째 인물로 꼽는다. 베이브 디드릭슨이 남긴 유산은 오늘날 여자 스포츠 선수들에게로 이어지고 있다. 베이브의 재능과 투지는 스포츠 세계에서 여성들이 성공할 수 있는 길을 활짝 열어 주었다.

학교 밖에서 자신만의 길을
발견한 소녀

★ 메리 리키 ★
MARY LEAKEY

1913~1996년 │ 고고학자, 인류학자 │ 영국, 아프리카

메리는 땅바닥에 무릎을 꿇고 자
신의 눈길을 끌던 곳을 꼼꼼하게 훑어보았다. 그 순간, 뭔가가 그
녀의 주의를 끌었다. 보통 사람들에겐 그저 흙덩이로 보였을 테지
만, 메리의 눈은 그것을 놓치지 않았다. 그것은 인류 역사의 한 조
각이 분명했다.

메리가 조심스럽게 흙을 털어 내자 이빨 두 개와 둥그런 턱 부분
의 화석이 드러났다. 메리는 400조각이 넘는 고대의 두개골 조각
을 발굴했다. 조각들을 맞추고 분석한 결과, 그것은 175만 년 전에
살았던 현생 인류 이전 조상의 두개골로 판명됐다. 당시에 알고 있
던 것보다 훨씬 이전에 인간과 유사한 생명체가 존재했다는 사실
이 증명된 것이다. 이 혁명적인 발견은 메리가 고고학 연구에 기여
한 많은 사례 중 하나에 불과하다.

메리 니콜은 1913년 잉글랜드 런던에서 태어났다. 그녀의 아버
지는 화가였지만 고고학에도 관심이 많았다. 아버지는 어린 메리
를 데리고 프랑스, 이탈리아, 스위스 등 여러 나라를 탐사했다. 메

리는 아버지를 따라 고고학자들이 일하는 모습을 지켜보면서 발굴과 관련된 기술을 배웠다.

메리는 학교에 다니지 않았지만, 아버지로부터 글을 읽고 그림 그리는 법을 배웠다. 열세 살에 아버지가 돌아가시자 어머니는 메리를 수녀원 부속학교에 보냈다. 하지만 메리는 학교에 적응하지 못했다. 메리가 가는 학교마다 퇴학을 당하자 어머니는 두 손을 들었다. 그러는 동안에도 메리는 박물관과 대학에서 강의를 들으며 자신만의 방식으로 공부를 계속했다.

열일곱 살이 됐을 때, 메리는 고고학자 도로시 리델의 조수로 일하게 됐다. 메리는 도로시를 지켜보면서 여성도 고고학 분야에서 성공할 수 있음을 알게 되었다. 그전까지 고고학은 철저히 남성이 지배하는 학문이었다.

메리는 현장에서 발굴한 유물을 스케치해서 작품으로 만들었고, 고고학자들 사이에서 메리의 그림이 알려지기 시작했다. 그러다가 아프리카에서 작업 중이던 고고학자 루이스 리키를 만나게 되었다. 루이스는 자신의 작업을 책으로 만들고 있었는데 메리에게 책에 들어갈 삽화를 부탁한 것이다. 메리는 아프리카로 건너가 루이스의 발굴 작업을 도우며 삽화 그리는 일을 했다. 그러다 두 사람은 사랑에 빠졌고 결혼하게 되었다.

결혼 후 몇 년 동안 메리와 루이스는 아프리카에서 발굴 작업을 이어 나갔다. 메리는 고대의 도구, 옹기, 화장火葬 장소 등을 발견했고, 1948년에는 그녀의 생애 최초로 인류의 화석을 발견했다. 1800만 년 전에 살았을 것으로 추정되는 현생 인류 이전 조상의 두개골이었다.

1959년엔 그녀의 이력 중 가장 두드러진 발견, 즉 175만 년 된 인류 조상의 두개골을 발굴했다. 메리의 발견 이전까지 과학자들은 인간과 유사한 생명체가 존재하기 시작한 것은 기껏해야 수십만 년 전이라고 믿고 있었다. 메리는 그들이 모두 틀렸음을 증명했다.

그 후 메리는 무려 370만 년 전에 만들어진 것으로 추정되는 인류의 발자국을 발견했다. 과학자들이 생각했던 것보다 훨씬 이른 시기에 인류의 조상이 직립 보행을 했다는 사실을 알려 주는 것이었다. 메리의 탐사를 통해 인류 역사에 관한 이론이 완전히 다시 쓰였다.

메리는 1996년 세상을 떠날 때까지 아프리카에서 살았다. 메리가 남긴 말은 지금도 소녀들에게 큰 용기를 주고 있다.

"그것들이 내 흥미를 끌었고 내가 하고 싶어 했기 때문에, 그 일을 계속할 수 있었어요. 나는 어쩌다 여자로 태어났지만, 여자란 사실이 이 일을 하는 데 장애가 됐다거나 큰 차이를 가져왔다고는 생각하지 않습니다."

어머니의 그림자에서 벗어나 인류를 구한 화학자

★ 이렌느 졸리오 퀴리 ★

IRÈNE JOLIOT-CURIE

1897~1956년 │ 화학자 │ 프랑스

이렌느는 군의관과 부상병, 그리
고 의료 장비에 둘러싸여 있었다. 피 냄새가 진동했고 고통 속에
죽어가는 사람들의 비명 너머로 전쟁터의 굉음이 들려왔다. 하지
만 열여덟 살의 이렌느 퀴리는 신경을 거스르는 끔찍한 소리와 냄
새에 이미 익숙해져 있었다. 그녀는 지금 새로운 기계를 설치하는
일에 온 정신을 집중하고 있는 중이다.

야전병원의 프랑스인 의사와 간호사들은 이렌느가 만지고 있는
기계 장치가 도대체 무엇인지 궁금한 표정이었다. 설치가 끝나자
이렌느는 환자 중에서 기계를 시험할 자원자를 구했다. 의사들과
간호사들은 기계의 화면에 마법처럼 자원자의 다리뼈가 나타나자
놀라 숨을 멈췄다. 그들은 지금 사람 몸의 내부를 완벽하게 보고
있었다. 피부와 혈액, 근육을 뚫고 곧바로 뼈를 볼 수 있었고, 뼈의
어느 곳이 부러졌는지도 정확히 알 수 있었다. 그것은 이렌느와 그
녀의 어머니가 연구해온 X선 촬영기였다!

이렌느 퀴리는 1897년 노벨상을 받은 과학자 부부 피에르 퀴리

와 마리 퀴리의 딸로 태어났다. 그녀의 부모는 하루 중 대부분의 시간을 연구에 썼기 때문에, 이렌느와 여동생은 주로 할아버지가 돌봤다. 1906년 아버지 피에르 퀴리가 세상을 떠난 후에는 할아버지가 자매를 맡아 키우다시피 했다.

이렌느는 생각이 깊은 소녀였고 자연과 시, 독서를 좋아했지만, 그녀가 무엇보다 좋아한 것은 과학이었다. 당시에는 소녀들 대부분이 수학과 과학 공부를 따라가지 못해 포기하는 형편이었지만, 어머니 마리 퀴리는 딸들이 수학과 과학 과목을 제대로 공부할 수 있도록 강력한 지원을 아끼지 않았다.

마리 퀴리는 당시 프랑스의 학교 대부분이 너무 편협한 교육 서비스를 제공하고 있다고 생각했다. 그래서 다른 여덟 명의 대학교수 자녀와 자신의 두 딸을 대상으로 공동 수업을 시작했다. 부모이자 교수들이 강사가 되어 자신의 자녀들에게 예술, 문학, 과학, 수학, 영어, 독일어 등을 가르친 것이다. 하지만 공동 수업은 오래가지 못했다. 이렌느는 그 후 2년 동안 사립 여학교를 다니다가 명문 소르본느 대학에 입학했고, 1925년 알파 입자에 대한 연구로 박사 학위를 받았다.

이렌느는 평생 어머니로부터 자극받았고, 어머니를 본받기 위해 노력했다. 어머니 마리 퀴리는 프랑스 최초로 박사학위를 받은 여성이었고, 소르본느 대학에서 가르친 최초의 여성이었다. 그리고 무엇보다 여성 최초로 노벨상을 받은 사람이다. 사실 마리 퀴리는 노벨상을 두 번 수상했다. 첫 번째는 물리학상, 두 번째는 화학상이었다. 이렌느는 어머니로부터 많은 것을 배웠고, 때로는 모녀가 공동 작업을 하기도 했다.

제1차 세계대전이 일어나자, 이렌느와 마리 모녀는 전선으로 보낼 X선 촬영기를 조립했다. 이렌느는 프랑스군이 있는 전선으로 가서 그 장비를 설치했다. 그리고 의사와 간호사들에게 X선 촬영법과 촬영된 영상에서 골절 위치와 파편 조각의 위치를 알아내는 방법을 가르쳐주었다. 그녀는 처치가 필요한 상처에 접근할 수 있도록 최선의 각도를 찾는 방법까지 알려 주었다.

전쟁이 끝난 후, 이렌느는 파리대학의 라듐연구소에서 어머니 마리 퀴리의 조수 역할을 계속했다. 그 연구소에서 이렌느는 미래의 남편이자 연구의 동반자가 될 남자를 만난다. 바로 '프레데릭 졸리오'다. 두 사람은 1926년에 결혼했고 둘 사이에 두 명의 자녀를 두었다. 결혼 후, 이렌느와 프레데릭은 자신들의 성姓을 졸리오 퀴리Joliot-Curies로 바꾸기로 했다. 두 사람은 함께 획기적인 실험을 시작했고, 부부 공동으로 수백 편의 논문을 썼다.

1934년 이렌느와 프레데릭은 두 가지 금속, 폴로늄과 알루미늄을 실험하기 시작했고, 두 사람이 수행한 연구는 혁명적인 발견으로 이어졌다. 인공적으로 방사능을 만들어내는 데 성공한 것이다! 이 발견으로 이렌느는 노벨 화학상을 받았고, 모녀가 노벨상을 수상한 유일한 사례가 됐다.

슬프게도 마리 퀴리는 딸의 성공을 기뻐할 수 없었다. 당시에는 방사능 화학물질에 노출되는 일이 얼마나 치명적인지 전혀 알려져 있지 않았다. 연구 중에 방사능 물질에 노출됐던 마리 퀴리는 이렌느가 노벨상을 받기 1년 전, 백혈병에 걸려 세상을 떠났다. 어머니의 사망 후, 이렌느는 자신의 연구를 계속했다.

1936년 그녀는 과학 연구 담당 국무차관으로 지명됨으로써, 프랑스 최초의 여성 각료 중 한 명이 되었다. 이렌느는 프랑스 최고 훈장인 '레지옹 도뇌르'의 심사관을 맡기도 했다.

이렌느는 끝끝내 헌신적인 연구자의 자세를 잃지 않았고, 1938년에는 또 하나의 획기적인 실험을 수행했다. 그녀는 이 실험에서 나온 결론이 자신의 생각과 다르다는 이유로 실험이 실패했다고 생각했다. 하지만 나중에 그녀의 실험을 되풀이한 과학자들은 그녀가 핵분열을 발견했음을 알게 되었다. 그녀의 연구는 핵물리학의 기초가 되었다.

이렌느는 1956년 세상을 떠날 때까지 실험실에서 연구에 몰두했다. 이렌느 역시 연구활동으로 얻은 백혈병으로 세상을 떠났다. 프랑스 정부는 당대의 가장 의미 있는 과학적 발견을 이뤄낸 이 위대한 과학자를 기리기 위해 그녀의 장례식을 국민장으로 치렀다.

오직 공부하기 위해
수녀가 된 소녀

★ 후아나 이네스 데 라 크루스 ★
JUANA INES DE LA CRUZ

1651~1695년 │ 수녀, 학자, 시인 │ 멕시코

열다섯 살의 후아나는 초조한 나머지 두 주먹을 꼭 쥐었다. 그녀 주위로 멕시코시티에서 가장 지적이고 학식 있다는 사람 마흔 명이 모여 있었다. 후아나는 지금 그들의 질문에 답해야 한다. 그들은 철학, 수학, 역사, 문학, 종교, 그리고 뭐가 됐든 그들이 생각할 수 있는 모든 질문을 해댈 것이 분명했다.

후아나는 아주 오랫동안 그들의 질문에 답했다. 과연 그녀는 자신의 능력을 증명하고 공부를 계속해도 좋다는 허락을 받을 수 있을까? 후아나는 긴 시간 동안 기발하고 멋진 대답으로 사람들을 놀라게 했다 그녀에 관한 소문은 사실이었던 것이다. 그녀가 이 시험을 통과한 것은 시작에 불과했다. 이후 후아나는 멕시코에서 가장 뛰어난 지식인이자 시인으로 우뚝 섰다.

1651년 '후아나 라미레즈 데 아스바헤'는 멕시코 마을의 농장 저택에서 태어났다. 세 살이 되자 언니를 따라 학교에 갔고 금방 글 읽는 법을 배웠다. 후아나는 곧 어머니보다 잘 읽을 수 있게 되었다. 그녀는 엄청나게 빠른 속도로 지적 욕구를 채워 나갔다. 수학, 철학, 종교, 문학, 역사에 아즈텍 언어까지 닥치는 대로 공부했다. 후아나는 어렵기로 유명한 라틴어조차 몇 차례의 강의를 듣고 곧바로 터득해 주변 사람들을 놀라게 했다.

일곱 살이 되었을 때, 후아나는 멕시코시티에 대학이 있다는 얘기를 들었다. 당시의 다른 대학과 마찬가지로, 그 대학도 남학생에게만 입학이 허용됐다. 후아나는 남자아이로 변장해 대학에 가겠다고 어머니를 졸랐다. 어머니가 허락하지 않자 그녀는 할아버지의 서재에 있는 책을 닥치는 대로 읽기 시작했다. 그 무렵 집필을 시작했고, 마을 축제를 주제로 시를 쓰기도 했다.

열 살이 되자 후아나는 멕시코시티에 가서 친척과 함께 살게 되었다. 후아나가 천재라는 소문이 퍼졌고, 몇 년 후엔 멕시코 총독 부부의 초청으로 총독 관저에 머물게 되었다. 거기서 후아나는 공부를 계속했고, 시와 노래, 연극으로 총독 관저에 사는 사람들을 즐겁게 해 주었다. 열다섯 살 무렵, 후아나는 멕시코를 대표하는 지성들로부터 다양한 주제에 걸쳐 구두시험을 치렀고, 당당히 합격했다.

후아나는 공부를 계속하고 싶다는 열망으로 불타올랐지만 1,600년대의 멕시코 소녀로서 그녀가 할 수 있는 역할은 누군가의 아내와 엄마가 되는 것뿐이었다. 그런데 후아나가 계속 공부해서 학자가 될 수 있는 유일한 방법이 하나 있었다. 바로 수녀가 되는 것이었다. 1669년 그녀는 수녀원에 들어갔고, 그 후로는 '후아나 이네스 데 라 크루스 자매'라 불리게 되었다.

그녀는 수녀원에 기거하면서 다양한 문화생활을 즐겼고, 가끔 방문하는 상류층 손님들을 지적 대화로 이끌어 즐겁게 해주었다. 무엇보다 행복했던 것은 자신의 공부를 계속할 수 있었다는 점이다.

과학에 관심이 많았던 그녀는 자신이 입수할 수 있는 과학 기자재와 실험 도구들을 이용해 연구에 매진했다. 하지만 수녀원은 그녀의 과학 연구를 반대했고, 몇 달 동안 실험을 중지시키기도 했다. 하지만 후아나는 포기하지 않았다. 그녀는 달걀을 요리하는 것과 같은 일상적인 일에도 과학적인 방법을 이용했다.

후아나가 쓴 시와 희곡들은 멕시코와 스페인에서 출간되었다. 후아나는 문학을 통해 여성에게 더 많은 힘과 자유가 주어져야 한다고 주장했다.

1695년 페스트가 멕시코를 휩쓸었다. 페스트에 걸린 수녀들을 간호하던 후아나는 그해가 끝나기 전에 세상을 떠났다. 하지만 후아나는 자신의 작품 속에 살아있으며, 꿈을 포기하지 않았던 여성이자 지성인의 표본으로 남아 있다.

'프리메로 수에노Primero Sueño(첫 번째 꿈)'라는 제목의 시는 후아나 수녀의 대표작으로 알려져 있다. 그 시는 아름답고 상징적인 언어로 우리에게 '마음을 깨우라'고 말하고 있다.

그렇게 환상은 삼라만상의 이미지를 조용히 베끼고,

보이지 않는 붓이 마음의 색깔을 칠한다.

빛은 없지만 여전히 아름다운 유사성이여.

달 아래 있는 세상의 모든 피조물과 똑같지는 않지만,

그것들 역시 지성의 하늘에 뜨는 찬란한 별이니

보이지 않는 것들의 개념을 그려내고

그 그림들을 영혼에 펼쳐 보인다.

남성 우월주의에 맞서 능력을 증명하다

★ 라우라 바시 ★
LAURA BASSI

1711~1778년 | 물리학자 | 이탈리아

★

"엄마, 엄마, 이제 나가도 되죠?"

라우라의 무릎 위에 놓인 수틀 속의 자수는 쭈글쭈글하고 올이 풀려 있었다. 어머니는 작게 한숨을 쉬었다. 이 아이는 남자로 태어났어야 한다고 수백 번 넘게 생각한 참이다. 어머니는 마지못해 고개를 끄덕였다. 라우라는 지긋지긋했던 수틀을 던져 버리고, 방금 도착한 선생님을 맞으러 쏜살같이 달려 나갔다.

어린 라우라는 배움에 목말라 있었다. 계몽주의가 태동하던 1711년 이탈리아 볼로냐에서 태어난 라우라는 호기심을 폭발시키는 흥미진진한 시대를 살았다. 미지의 것을 두려워하고 삶의 수수께끼 앞에서 공포에 사로잡히던 지난 세대와는 질적으로 달랐다. 사람들은 관찰과 질문을 통해 주변 세계를 이해하기 시작했고, 신의 영역이라 생각했던 것의 일부를 이해할 수 있게 되었다. 삶은 두려운 수수께끼라기보다 해결해야 할 복잡한 문제가 되어 가고 있었다.

그러나 계몽시대가 모든 사람에게 온 것은 아니었다. 라우라와 같은 상류 계층의 여성은 바느질과 하인을 관리하는 법을 배우고, 엄마가 될 준비를 하는 것이 당연시됐다. 소녀들이 자연 세계에 호기심을 갖는 것조차 용납할 수 없는 일로 받아들여졌다. 하지만 라우라는 이런 편견에 굴복하지 않았으며 세상이 자신에게 바라는 역할과 타협하지 않았다.

라우라의 선생님은 바시 가문의 주치의이자 볼로냐대학의 교수였다. 그는 딸을 가르쳐 달라는 라우라 아버지의 요청을 받아들여 매일 바시 가문의 저택을 방문했다. 햇살이 좋은 정원에서 그는 라우라에게 수학, 철학, 해부학, 자연사, 외국어 등을 가르쳤다.

라우라가 스무 살이 되었을 때, 라우라의 선생님은 더이상 가르칠 것이 없다고 선언했다. 그는 라우라를 볼로냐대학으로 불러들여 최고의 교수들로부터 훈련받게 했다. 라우라의 지성을 의심하는 노련한 교수들(물론 전부가 남자였다)은 몇 시간 동안 라우라에게 질문을 퍼부었고, 그녀의 답에 시비를 걸었다.

라우라는 정답을 말했을 뿐만 아니라 씩씩하게 자신의 답을 논리적으로 방어했다. 교수들은 그녀의 지식을 깨뜨릴 수 없었다. 결국 '팔 라쬬 푸블리코Palazzo Pubblico(대중에게 공개된 궁전—역주)'에서 거행된 엄숙한 의식을 통해, 라우라는 대학의 해부학 교수 및 과학원 아카데미 회원으로 임명되었다. 볼로냐 대학 600년 역사상 최초로 여성이 교수로 임명된 것이다.

하지만 시간이 흘러도 라우라는 특별한 사람으로 간주되었다.

좋은 의미가 아니다. 즉 남자 교수들처럼 학교 생활에 참여할 수 없었다는 뜻이다. 그녀는 젊은 여자였고 지적인 사람들과의 만남에 능숙했으며, 만나는 사람들을 자신의 재치와 지식으로 매혹시켰다. 그러나 대학의 높은 분들은 라우라를 과학계의 미인대회 우승자쯤으로 여기면서, 라우라가 파티를 주관하고 지체 높은 손님들을 맞는 일에 만족하기를 바랐다.

라우라는 고대 로마 신화에 나오는 지혜, 발명, 예술의 여신 이름을 따서 '볼로냐의 미네르바'라고 불렸다. 사랑스러운 칭호였지만 그녀가 원한 것은 그게 아니었다. 라우라는 학생들을 가르치고 싶었다. 그 후 라우라는 집으로 돌아와 조용히 자신이 하고 싶었던 일을 시작했다. 남편인 물리학자 주세페 베라티의 지원을 받아 자기 집에 수업을 위한 개인 실험실을 갖췄다. 라우라는 '자녀를 돌보는 의무를 소홀히 한다'라는 남성 학자들의 비판에 아랑곳하지 않고, 실험실에서 또 다른 자녀들(결국 그녀는 12명의 제자를 두었다)에게 실험 물리학을 가르치며 연구에 열중했다.

성가신 일이 많았지만 라우라는 불평하지 않았다. 그녀는 자신의 연구와 가르치는 일에 매진했고, 자신이 발견한 것을 출판하거나 유명해지는 일 따위엔 신경 쓰지 않았다. 라우라에겐 오로지 지식만이 목표였다.

1745년 라우라가 34세가 되었을 때, 그녀의 오랜 연구가 보상을 받기 시작했다. 그때까지 남자의 과학이라 알려진 기계학, 유량 측정법, 탄성을 가르치는 것이 허락된 것이다. 교황 베네딕트 15세는 라우라를 베네딕트 아카데미의 회원으로 임명했다. 하지만 교황의 후원에도 불구하고 동료들은 여전히 라우라를 견제했다. 그녀는 아카데미 회원이었지만 투표권은 허락되지 않았다.

베네딕트 아카데미의 회원이 된 후에는 라우라의 권위가 의심받는 일이 훨씬 줄어들었다. 그녀는 자신의 능력을 증명했고, 여성들이 집안일을 하는 것 이상을 할 수 있음을 보여 주었다. 그녀의 명성은 널리 퍼졌다. 그녀가 세상을 떠나기 2년 전인 65세 때에는 볼로냐 과학원의 실험 물리학 분과 의장이라는 권위 있는 직위에 임명되었다.

라우라 바시는 여성의 평등을 위해 싸운 영웅이었다. 남성 우월주의에 맞선 그녀의 분투와 승리는 차별의 꼬리표를 달고 있던 모든 소녀들을 격려했다.

화석으로 선사시대 역사를 복원한 소녀

★ 메리 애닝 ★
MARY ANNING

1799~1847년 | 화석 탐사가 | 잉글랜드

열한 살 소녀 메리는 망치와 끌을 챙겨서 해변의 높은 절벽을 향해 출발했다. 전날 밤 그곳에 사나운 폭풍우가 덮쳤다. 메리는 강한 비와 바람이 흙을 씻어내어 조개와 화석들이 드러나 있으리라 예상했다. 운이 좋으면 관광객들에게 비싼 값에 팔 진기한 표본을 찾아낼 수 있을지도 몰랐다.

해변을 따라 걷던 메리의 눈에 이상한 것이 보였다. 절벽 가까이에서 모습을 드러낸 그것은 커다란 뼈처럼 보였다. 그녀는 좀 더 가까이 다가가서 살펴보기로 했다. 주변의 바위를 끌로 쪼아내자 점차 뼈가 모습을 드러냈고, 메리의 가슴이 요동치기 시작했다. 그것은 생전 처음 보는 거대한 뼈였다. 긴 꼬리, 짧은 지느러미발, 날카로운 이빨이 마치 바다의 용처럼 보였다.

사실, 메리가 발견한 것은 가장 완전한 모습을 갖춘 '이크티오사우루스'의 뼈였다. '물고기 도마뱀'이라고도 불리는 이크티오사우루스는 2억 년 전에 살았던 공룡의 일종이다. 어린 시절의 짜릿한 이 경험이 메리를 화석 탐사가로 이끌었다.

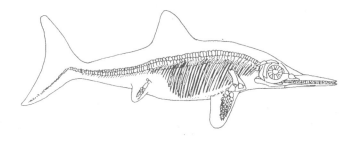

이크티오사우루스 *Ichthyosaurus* 화석

메리 앤 애닝은 1799년 잉글랜드 남부 해안 마을(라임 레기스)에서 태어났다. 그녀의 아버지는 목수였는데 가끔 화석을 수집해서 파는 일도 했다. 아버지는 메리와 메리의 남동생을 데리고 해안을 뒤져서 신기한 것들을 채집하곤 했다. 관광객들은 메리가 파는 돌돌 말린 모양의 조개껍질 화석을 좋아했다. 당시엔 정확히 그것이 뭔지 아무도 몰랐다. 세월이 많이 흘러 그것이 공룡들이 번성했던 시대에 살았던 연체동물인 암모나이트의 화석임을 알게 되었다.

1810년 메리의 아버지가 돌아가신 후에도 메리와 그녀의 가족은 화석을 채취해 파는 일을 계속했다. 메리가 공룡의 뼈대를 발견한 것은 그로부터 몇 달 후의 일이다. 메리는 채석공의 도움을 받아 바위에서 그 뼈대를 캐냈고, 박물관에 전시할 물건을 사들이는 남자에게 팔았다. 메리가 발견한 뼈의 주인공이 바로 '이크티오사우루스'였다.

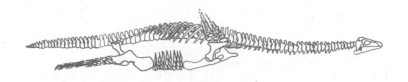

플레시오사우루스 *Plesiosaurus* 화석

늘 새로운 화석을 찾아다니던 메리는 20대 초반에 두 번째 공룡 뼈를 발견했다. 이것에는 '도마뱀에 가깝다'라는 뜻의 '플레시오사 우루스'라는 이름이 붙여졌다. 길고 가느다란 몸체에 길쭉한 지느 러미발이 마치 다리처럼 보였기 때문이다.

몇 년 후, 메리는 새와 비슷한 공룡을 발견했다. 영국에서는 처

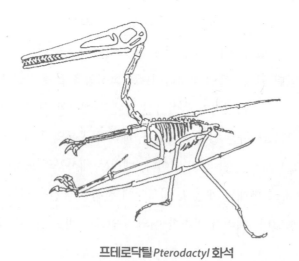

프테로닥틸 *Pterodactyl* 화석

음 발견된 것이었는데, 이후에 '날개 손가락'이라는 뜻을 가진 '프테로닥틸'이란 이름이 붙여졌다. 메리는 평생 화석을 발굴하는 일을 계속했다. 작은 조개 화석들은 여전히 관광객들에게 팔렸지만, 그녀가 찾아낸 공룡 뼈대들은 더 부유하고 학문적인 고객들의 관심을 끌기에 충분했다. 그렇게 사업을 해나가는 동안, 메리는 더 많은 이크티오사우루스와 플레시오사우루스 화석들을 발견했다. 메리의 발견은 고대 생물에 관한 지식을 넓히는 데 기여했다.

그녀는 선사시대 화석 탐사가로서 화석 연구에 큰 영향을 미쳤을 뿐 아니라, 여성 과학자라는 새로운 문을 연 것으로 평가되고 있다.

시대를 앞서간 혁명적 소설의 창조자들

★ 브론테 자매 ★
BRONTE SISTERS

샬롯 1816~1855년, 에밀리 1818~1848년, 앤 1820~1849년 | 작가 | 잉글랜드

　　　　　　　　★
　　　　　　　　│
　　　　　　　　│
　　　　　　　　│

　　　　　　　누군가 침실의 문을 급하게 두드
렸다. 저녁 일찍부터 이불을 덮고 호롱불에 의지해 책을 읽고 있
던 샬롯과 에밀리는 깜짝 놀라 읽던 책에서 눈을 떼었다. 이 늦은
밤에 누구일까? 장난꾸러기 남동생 브랜월이 문을 열고 뛰어 들
어왔다.

　"이것 봐, 아버지가 주신 거야!"

　브랜월은 누나들에게 손에 든 작은 상자를 건넸다. 상자 안에는
장난감 나무 병정 1개 분대가 있었다! 남매들은 기쁨의 함성을 질
렀다. 샬롯이 먼저 병정 하나를 집어 들고 외쳤다.

　"이 병정에게 공작의 작위를 하사하노라."

　에밀리가 다른 병정 하나를 들고 말했다.

　"얘는 좀 심각해 보이니 심각 씨라고 부르자."

　왁자지껄한 소리를 듣고 막내 여동생 앤도 달려왔다. 앤 역시
병정 하나를 골라 들었고, 남매들은 그 병정에게 '기다리는 소년'이
라는 이름을 지어 주었다. 그들의 머릿속에서 수천 개의 이야기가
소용돌이쳤다.

불을 뿜는 용과 높은 성곽, 굉장한 모험 등, 그 순간 세 자매는 '곤달'이라는 마법의 세계를 창조하기 시작했다. 을씨년스럽고 쓸쓸한 집에서 바깥세상과 단절된 채 살았던 세 자매는 유명한 작가를 꿈꿨다.

어린 시절 브론테 자매들의 꿈은 현실이 되었지만, 그들에겐 늘 비극과 불행의 그늘이 드리웠다. 브론테 자매로 알려진 샬롯, 에밀리, 앤에게는 두 명의 언니와 남동생이 있었다. 언니 마리아와 엘리자베스, 그리고 남동생 브랜월이다. 앤이 태어난 직후, 가족은 아버지의 직장이 있는 '호어스' 지역으로 이사했다. 호어스는 잉글랜드 북부에 있는 춥고 습기 많은 공업 도시였다. 가족의 새로운 집 뒤편에는 바람이 많은 황야가 있었고, 집 앞엔 교회와 공동묘지가 있어서 창밖으로 묘비들의 바다가 보였다. 닥쳐올 슬픔의 신호였을까?

호어스엔 하수도 시설이 없어서 식수 오염이 심각했다. 그곳에서 태어난 아이들 중 절반이 6세 이전에 죽었고, 마을 사람들의 평균 수명은 25세에 불과했다. 가족이 호어스로 이사한 지 얼마 되지 않아 어머니가 세상을 떠났다. 남매들은 다소 괴팍한 성격의 아버지에 의지해야 하는 처지가 됐다. 아버지는 남매들에게 문학, 역사, 지리를 가르쳤고 매주 정치학과 문학을 주제로 자녀들과 토론했다. 아버지는 아이들을 마을 사람들과 철저하게 격리시켰다.

다행히 브론테가의 아이들은 책과 함께 상상력을 키울 수 있었고, 펜을 가지고 무언가를 쓸 수 있었다. 샬롯의 글이다.

'문학 작품을 구상할 때, 우리는 가장 큰 기쁨을 느꼈다.'

브론테 자매들은 시를 쓰고 이야기를 만들면서 즐거움을 찾았고, 그녀들만의 월간 잡지를 내기도 했다. 쓸쓸한 집이며 묘지, 신비한 황야, 이 모든 것이 브론테 자매의 글쓰기 소재였다.

한편 아버지는 자매들의 미래를 걱정했다. 그는 자매들이 선택할 수 있는 직업은 교사뿐이라고 생각했고 그러려면 자매들에게 정규 교육을 시켜야 했다. 네 명의 딸(마리아, 엘리자베스, 샬롯, 에밀리)을 기숙학교에 보낼 때, 아버지는 학교생활이 자매들에게 악몽과도 같은 고통이 되리란 사실을 짐작하지 못했다. 형편없는 음식, 모진 추위, 무자비한 교사들과 지루한 수업이 소녀들을 괴롭혔다.

상황은 더 악화되었다. 1825년 유행성 결핵이 비위생적인 학교를 휩쓸었고, 마리아(11세)와 엘리자베스(10세)가 몇 달 간격으로 세상을 떠났다. 샬롯과 에밀리는 엄청난 충격과 슬픔을 겪었고, 결국 집으로 돌아오게 되었다.

소녀들은 다시 식탁에 둘러앉아 공부했다. 1826년 남동생이 가져온 장난감 병정과 함께 아이들은 자신들만의 이야기 세계를 창조하기 시작했다. 열 살, 여덟 살, 여섯 살이었던 세 명의 소녀는 자신들이 창조한 이야기를 세로 길이 5센티미터(장남감 병정이 읽기에 딱 알맞은 크기다!)의 수제 책에 자신들만 겨우 읽을 수 있는 작고 작은 글씨로 써넣었다. 1년 만에 자매들은 열여덟 권의 작은 책을 만들어냈다!

샬롯은 그녀의 소설 속 주인공처럼 의지가 굳었다. 열두 살에 평생 결혼하지 않고 글쓰기에 전념하겠다고 맹세했고, 열네 살에는 이미 22편의 원고를 완성했다! 새로운 학교에서 샬롯은 글 잘 쓰기로 유명한 학생이 되었다.

열여섯 살에 집으로 돌아온 샬롯은 어린 동생들을 가르치며 글쓰기를 계속했다. 샬롯은 유명한 시인 '로버트 사우디'에게 조언을 청하는 편지를 보내면서 자신이 쓴 시 몇 편을 함께 보냈다. 로버트 사우디는 이런 답장을 보내왔다.

'문학은 여자가 평생 할 수 있는 일이 아니며, 그래서도 안 될 것입니다.'

하지만 샬롯은 이런 고정관념에 꺾이지 않았고, 그해에 60편의 시를 더 썼다. 그동안 그녀는 모든 청혼을 거절했다. 샬롯의 두 여동생도 언니의 행동에 힘을 얻었고 좀 더 진지하게 자신의 글을 쓸 수 있었다.

1845년 샬롯은 동생들을 설득해 자신들의 돈으로 공동 시집을 내기로 했다. 여성 작가를 무시했던 출판사가 책을 내 주지 않았기 때문이다. 여성이라는 사실을 숨기기 위해 자신들의 실명을 드러낼 수도 없었다. 시집은 훌륭하다는 평가를 받긴 했지만 거의 팔리지 않았다.

자매들은 실망하지 않고 이야기 쪽으로 관심을 돌렸다. 자신이 쓴 이야기를 서로에게 읽어 주며 함께 작업을 해나갔다. 이 같은 공동작업의 결과로 나온 작품이 에밀리의 '폭풍의 언덕', 앤의 '아그네스 그레이', 샬롯의 '교수'였다. 자매들은 자신들의 소설을 여러 출판사에 보냈다. 이번에도 시집을 출판할 때 썼던 남자 이름을 써야 했다. 1년을 기다린 끝에 '폭풍의 언덕'과 '아그네스 그레이'는 출판이 결정되었지만 샬롯의 '교수'는 출판되지 못했다.

샬롯은 실망하지 않고 곧바로 또 하나의 소설 '제인 에어'를 써서, 스미스 엘더 출판사에 보냈다. 출판사 대표는 샬롯의 원고를 손에 잡자 내려놓을 수 없었고, 결국 앉은 자리에서 500쪽이나 되는 소설을 다 읽고 말았다! 여동생들과 마찬가지로 샬롯의 작품도 출판에 성공했다.

'제인 에어'는 큰 인기를 모았지만 한편으로는 심한 비난을 받기도 했다. 당시에는 강인한 여주인공이며, 계급이나 성별에 상관없이 모든 사람이 평등한 권리를 갖는다는 생각을 받아들이기 힘들었기 때문이다. 앤 역시 '아그네스 그레이'는 호평받았지만, 두 번째 책 '와일드펠 홀의 소작인'이 논란에 휩싸였다. 당시 기준에 어긋나는 남녀 평등주의자의 이야기였기 때문이다.

자매들의 혁명적 소설들이 찬양과 비판의 소용돌이에 휩싸이자, 그 책을 쓴 작가에 대한 호기심이 증폭되었다. 대중들은 그 소설들을 정말 남자가 썼는지 궁금해했다. 1848년 소문을 진정시키기 위해 샬롯과 앤이 런던으로 가서 처음으로 출판사 대표인 조지 스미스를 만났다. 그는 이토록 강렬한 소설들이 이처럼 조용하고 수줍어하는 젊은 여성에게서 나왔다는 사실에 깜짝 놀랐다. 이 사실이 알려지자 그녀들의 작품은 더 큰 인기를 얻게 되었다.

하지만 브론테 자매들의 삶은 더욱 불행해졌다. 변변한 일을 해 본 적 없었던 남동생 브랜웰은 마약에 빠져들었고, 먼저 떠난 누나들과 마찬가지로 결핵에 걸려 1848년 세상을 떠났다. 그리고 그해 12월 에밀리도 결핵으로 세상을 마감했다. 하지만 비극은 거기서 끝나지 않았다. 이듬해 봄, 막내 여동생 앤도 결핵으로 눈을 감았다. 앤의 나이 겨우 스물여덟이었다. 1년도 채 안 되는 동안 샬롯은 남아 있던 세 명의 동생을 모두 잃었고, 아버지와 자신만 덩그러니 세상에 남겨졌다. 이 시기 샬롯은 친구에게 보낸 편지에서 이렇게 썼다.

'삶이 왜 이렇게 공허하고 고통스럽기만 한지 모르겠어.'

이후 샬롯은 아버지를 돌보며 글 쓰는 일만 했다. 몇 권의 소설이 인기를 끌었지만 그녀는 자신의 삶에 뭔가가 빠져 있다고 느꼈다. 1854년 샬롯은 아서 니콜스란 남자와 결혼했고 그녀의 일생 중 가장 행복한 시간을 보냈다. 샬롯은 서른아홉의 나이에 임신을 하게 됐지만 그녀의 행복은 오래가지 못했다. 몇 달 후 샬롯은 임신 합병증으로 배 속의 아기와 함께 세상을 떠났다.

황야 끝 외진 곳의 집에 틀어박혀 살던 세 자매는 그 시대 사람들을 가장 감동시킨 세 권의 소설을 냈다. 150년 전 그녀들의 소설은 괴이하고 격정적인 것으로 생각되었지만, 오늘날은 시대를 관통하는 가장 강력하고 혁명적인 소설로 사랑받고 있다. 샬롯, 에밀리, 앤은 셰익스피어, 초서, 디킨스와 어깨를 나란히 하면서 고금을 통틀어 가장 재능 있는 작가로 기억된다.

차별 반대 연설로
미국을 감동시키다

★ 앤나 엘리자베스 디킨슨 ★
ANNA ELIZABETH DICKINSON

1842~1932년 | 연설가 | 미국

★

열여덟 살의 여자아이가 많은 청
중 앞에 섰다. 그녀의 첫 번째 대중연설이었다. 청중들은 의심의
눈초리로 안나를 바라보고 있었다. 마치 속으로 이렇게 말하는 듯
했다.

'도대체 저 여자아이가 얼마나 대단한 연설을 한다는 거야?'

안나는 '여성에 대한 생각'을 주제로 연설을 시작했다. 오랫동안
생각한 주제였기에 메모는 필요치 않았다. 연설이 진행됨에 따라
청중들의 표정이 바뀌기 시작했다. 안나가 어린 시절을 보낸 집은
'지하철도'의 '역' 중 하나였다. 진짜 역이 아니라 자유를 찾아 탈출
하려는 노예를 돕는 비밀조직과 장소를 일컫는 말이다.

안나는 열정적으로 자신의 생각을 전했다. 여성도 투표할 수 있
어야 하고, 어떤 직업이라도 가질 수 있어야 한다는 주장이었다.
지금은 당연한 일들이지만, 당시에 여자는 투표할 수 없었고 의사,
변호사 같은 전문직을 꿈꿀 수 없었다. 안나의 연설 내용은 꽤 급
진적이었지만, 그녀의 또렷한 목소리와 진솔한 전달력은 청중들의
공감을 끌어내기에 충분했다.

두 시간 가까운 연설이 끝나자 객석에서 박수가 쏟아졌다. 지금 안나는 당대의 가장 유명하고 영향력 있는 여성이 되는 첫걸음을 뗴었다.

안나 엘리자베스 디킨슨은 1842년 펜실베이니아주의 필라델피아에서 태어났다. 당시 미국은 노예제도를 놓고 극심한 혼란을 겪고 있었다. 과연 노예제도는 미국의 모든 주에서 폐지되어야 할까? 아니면 일부 주에서만 폐지되어야 할까? 안나는 노예제 폐지를 위해 투쟁하고 있는 부모님의 다섯 자녀 중 막내로 태어났다. 안나는 노예제도가 옳지 않다는 믿음을 가졌고, 아주 어린 시절부터 노예 반대 운동에 참여했다. 열세 살이 되었을 때, 노예제를 반대하는 신문 기사를 쓰기도 했다.

열다섯 살이 된 안나는 가족의 생계를 돕기 위해 학교를 그만두고 출판사, 변호사 사무실, 학교 등에서 일했다. 2년 후 안나는 여성의 권리를 주제로 한 토론회에 참석했다. 그곳에서 안나는 여성이 남성과 똑같은 기회를 가져야 한다는 자신의 의견을 발표했다. 그녀의 연설 실력이 매우 뛰어났기에, 그 후 다른 토론에도 참석해 달라는 요청이 줄을 이었다.

안나를 유명하게 해준 것이 그녀가 열여덟 살 때 한 연설이다. 그때부터 안나는 사람들을 격려하고 영감을 주는 연설가로서 활동하기 시작했다. 그녀는 미국 전역을 돌며 연설했고, 노예해방 운동가와 여성인권 운동가들과도 만나게 되었다.

1863년 안나는 뉴햄프셔 주지사 후보를 지원하는 연설을 해달라는 부탁을 받았다. 그녀의 연설에 힘입어 후보가 주지사로 당선되자 수많은 정치인들이 그녀에게 찬조 연설을 부탁했고, 연설가로서 안나의 명성은 날이 갈수록 커졌다.

그녀의 가장 중요한 연설을 꼽으라면 아마도 미국 의회 초청 연설일 것이다. 그녀는 미국 최초로 하원의원 앞에서 연설한 여성이 되었다! 연설을 마친 후, 안나는 링컨 대통령을 만났고 링컨의 재선을 도왔다.

선거 연설을 하면서 그녀는 노예제 폐지에 대해서도 강력히 주장했고 결국 노예제는 폐지되었다. 이후 안나는 논란이 되는 주제에 대해 더 많은 연설을 했다. 비록 인기 없는 주제라도 세상을 위해 꼭 필요한 문제라면 자신이 목소리를 내야 한다고 믿었기 때문이다. 안나는 자신의 믿음을 지키기 위해 노력했고, 자신의 의견에 동의하지 않는 사람들이 많아도 포기하지 않았다. 많은 이들이 용기와 열정으로 세상을 바꾸는 일에 헌신한 그녀를 존경했다.

안나는 평생 인종, 성별, 피부색에 의한 차별에 반대했다. 그녀는 사회적으로 약자인 사람들이 차별받지 않길 바랐다. 안나는 미국 역사상 가장 위대한 연설가 중의 한 사람으로 기억될 것이다.

노예에서 시인으로, 자신의 운명을 개척한 소녀

★ 필리스 휘틀리 ★
PHILLIS WHEATLEY

1753~1784년 | 시인 | 아프리카, 미국

★

　　　　　　　　　　　　겁에 질린 흑인 소녀가 플랫폼
에 서 있었다. 그녀는 백인 군중들 앞에서 사시나무 떨 듯 몸을 떨
었다. 그녀는 거의 알몸이라 해도 좋을 만큼 헐벗었고, 맨발은 온
통 긁힌 상처투성이였다. 보스턴 항구의 풍경과 소음은 낯설고 불
편했다. 그녀는 바다 건너 아프리카에 있는 집이 그리웠다. 가족이
있는 고향에서 끌려와 세상천지에 혼자가 된 소녀는 흰색 피부의
사람들을 바라보며 '이제 어떤 집에 가게 될까?'라는 서글픈 생각
에 사로잡혔다.
　　이 일곱 살배기 소녀는 막 노예로 팔려 갈 참이었다. 그 당시 아
메리카 대륙의 많은 가정이 노예를 소유했고, 노예에게 집안일이
며 농사일을 시켰다. 1761년 보스턴에 사는 수산나 휘틀리는 집안
일을 도울 노예를 사기 위해 집을 나섰다. 수산나는 딸이 결혼해서
집을 떠났을 때 느끼게 될 허전함을 달래주고 친구 역할을 해줄 누
군가를 찾고 있었다.
　　수산나는 느닷없이 붙잡혀 와서 판매대의 상품처럼 서 있는 많
은 아프리카인 중에서, 맨발에 허약해 보이는 어린 소녀에게 눈길

이 갔다. 수산나는 그 아이를 데려가기로 결정했다. 수산나가 아이에게 바란 것은 집안일을 돕고 자신의 말벗이 되어주는 것이었다. 하지만 이 어린 노예 소녀는 더 위대한 인물이 될 운명이었다. 소녀는 남다른 총명함과 재능으로 믿기 힘든 곤경을 극복하고 세계적으로 이름을 떨친 시인이 되었다.

대다수 아프리카 출신 노예들이 그렇듯 필리스가 어느 나라에서 태어났는지, 어느 부족 출신인지는 명확하지 않다. 필리스는 1753년에 태어난 것으로 추정되고, 서아프리카의 풀라 부족 출신이 아닌가 추정할 뿐이다. 당시 노예 무역상들은 아프리카 흑인 아이들을 납치해 아메리카 대륙으로 끌고 와서 팔아넘겼다. 필리스가 노예선에 실려 대서양을 횡단하는 길고도 험한 항해 끝에 보스턴에 도착한 것은 1761년이었다.

그녀를 사들인 수산나 휘틀리 부인은 '필리스'란 이름을 붙여 주었고, 당시 관습대로 주인의 성을 쓰게 했다. 그때부터 소녀는 '필리스 휘틀리'가 된 것이다.

필리스는 믿기 힘들 정도의 영특함으로 주변의 모든 사람에게 충격을 주었다. 단 16개월 만에 영어를 읽었으며, 열두 살이 됐을 때는 라틴어를 공부하기 시작했다. 책 읽기를 좋아했던 필리스는 시에 대한 열정을 불태웠고, 열네 살 때부터 시를 발표했다.

휘틀리 집안은 필리스의 창조성에 대해 호의적이었을 뿐 아니라 그녀의 활동을 적극 지원했다. 많은 노예가 가혹한 대우를 받았지만, 필리스는 그녀가 원할 때면 언제든 읽고 쓸 수 있었다.

10대 소녀인 필리스는 그녀의 아름다운 시 덕분에 보스턴의 유명인이 되었다. 그녀는 보스턴의 학식 높은 인물들과도 대화할 수 있었다. 필리스는 의심할 바 없이 자신의 재능을 즐겼지만 그녀가 노예라는 사실은 변하지 않았다. 그녀는 여전히 당시의 강압적인 인종차별 대상이었다.

열일곱 살이 됐을 때, 필리스는 세계적인 인정을 받는 계기가 된 시 한 편을 썼다. 그 시는 아메리카의 식민지 전역에서 출판되었고, 몇 년 후 영국에서도 시집이 출간되었다. 그녀는 남녀를 막론하고 출간된 시집을 갖게 된 최초의 아프리카계 미국인 작가였다.

1775년 필리스는 조지 워싱턴을 기리는 시 한 편을 썼다. 조지 워싱턴은 당시 독립전쟁을 지휘하고 있던 미군 사령관이었고, 얼마 안 있어 미국의 대통령이 될 인물이었다. 필리스의 시는 다음과 같다.

전진하라, 위대한 지휘관이여,

그대의 덕과 함께 그대의 모든 행위를 여신이 안내하게 하라.

왕관이며 저택, 시들지 않는 금빛으로 빛나는 옥좌가

워싱턴이여! 그대의 것이 되리라.

시를 읽고 크게 감동한 워싱턴은 케임브리지에 있는 자신의 사령부로 필리스를 초대했다. 그녀가 얼마나 긴장했을지 상상이 될 것이다. 필리스는 두려움을 억누르며 미국에서 가장 유명한 지도자와 그 휘하의 장교들을 만났다.

그때 필리스는 이미 노예 신분에서 해방되어 있었다. 휘틀리 집안은 그녀의 시집이 출간된 직후 그녀에게 자유를 주었다. 필리스는 인생의 많은 부분을 노예 신분으로 살았고, 그녀의 시는 자유를 말하고 있다. 그녀가 시인으로 성공한 것도 놀랄 만한 일이지만, 여성이자 아프리카계 노예로서 감당해야 했던 어마어마한 장애를 넘어 이룬 성취들은 진정 비범한 것이 아닐 수 없다.

Girls Who
Rocked
the World

Girls Who
Rocked
the World

CHAPTER **4**

용기와 리더십으로
세상을 흔든
10대들

나치 독일을 떨게 한 소녀 전투기 조종사들

★ 밤의 마녀 비행단 ★
THE NIGHT WITCHES

1942~1945년 활동 | 전투기 조종사 | 러시아

★

마리나는 비행기의 창을 통해 밖을 내려다보았다. 어두운 숲이 빠른 속도로 다가오고 있었다. 그녀가 탄 비행기는 추락하는 중이었다. 주위로는 사나운 눈 폭풍이 휘몰아치고 있었다.

"비행기 무게를 줄여!"

비행 고도를 유지하기 위해 안간힘을 쓰면서 발렌티나가 소리쳤다. 마리나와 폴리나는 바닥에 있는 해치를 열고 손에 잡히는 것이라면 무엇이든 밖으로 던졌다. 그러나 소용이 없었다. 비행기는 숲의 나무들을 향해 사정없이 돌진하고 있었다. 비행 기록을 깨기 위해 출발했을 때, 그녀들은 이처럼 목숨을 건 사투를 펼치게 될 줄은 상상도 못 했다.

갑자기, 비행기 안으로도 눈발이 몰아쳤다. 발렌티나와 폴리나가 돌아보자 심각한 표정의 마리나가 열린 해치 위에 서 있었다. 마리나는 낙하산을 메고 있었다.

"안 돼, 마리나! 이 허허벌판에 뛰어내리면 너를 다시는 찾을 수 없을 거야!"

둘은 소리쳤지만 이미 늦었다. 마리나는 차갑고 어두운 밤의 허공 속으로 몸을 던졌다. 기체의 무게가 가벼워지자, 발렌티나와 폴리나는 기체의 고도를 유지할 수 있었고 곧 마을 근처에서 착륙이 가능한 땅을 찾아낼 수 있었다. 마리나의 엄청난 용기가 발렌티나와 폴리나의 생명을 구했다. 그 후 여러 날 동안의 수색에도 불구하고 마리나는 찾을 수 없었다. 사람들은 마리나가 숲속에서 죽었을 거라 생각했다. 모든 사람들이 희망을 놓아 버린 10일 후, 한 사냥꾼이 거의 죽어가고 있던 마리나를 발견했다.

마리나, 발렌티나, 폴리나, 이 세 명의 비행 자매들은 모스크바로 귀환해 영웅으로 환영받았다. 수만 명의 군중이 거리로 나와, 6천 킬로미터의 러시아 횡단 비행을 완수하고 여성 장거리 비행 세계기록 보유자가 된 그녀들에게 환호를 보냈다.

비행 자매들의 기장인 마리나는 소련 정부(소련은 '소비에트 사회주의 공화국 연맹'의 줄임말로 1991년 붕괴되었고, 이후 러시아로 이어졌다—역주)가 만든 비행 클럽 '아멜리아 이어하트'의 일원이있다. 소련은 열일곱 살 전후의 소녀들을 모집해 무료로 비행 훈련을 시켰던 것이다. 1941년 히틀러의 독일이 소련 공습을 단행하자 소련은 공군력에 심각한 손상을 입었다. 소련 국민들이 나라를 지키기 위해 앞다퉈 군대에 자원했다. 그중에는 전선으로 배치되기를 희망한 비행 경험이 풍부한 소녀들도 수천 명이나 되었다.

처음에는 소녀 조종사들의 입대가 거부되었다. 입대 담당관의 반응은 이랬다.

"상황이 어렵긴 하지만, 아직 너희 같은 여자아이들에게 비행을 맡겨야 할 만큼 절망적이진 않아. 집으로 돌아가서 엄마 일이나 도와드려라."

하지만 얼마 안 가서 소련 당국의 태도가 바뀌었다. 독일 공군에 맞서 싸울 남자 조종사와 승무원의 숫자가 모자랐기 때문이다. 다시 한번 마리나 라스코바가 구원 투수로 나섰다. 당시 소련 공군 소령으로 근무하던 마리나는 최고 사령관을 설득해 여성으로 구성된 전투부대를 모집하고 훈련시킬 수 있는 권한을 얻었다.

마리나는 라디오 방송에 나가 전투에 참가할 여성 자원자가 필요하다고 호소했다. 반응은 폭발적이었다. 매일 엄청난 양의 지원서가 도착했고, 마리나는 열의에 찬 수천 명의 지원자를 개별 면접했다. 전투기 조종사, 항법사, 정비병과 관리직 등, 천 명이 넘는 후보자들이 선발되었다. 그리고 핵심 전투 인력으로 선발된 젊은 여성 대부분이 10대였다!

독일군과의 전투가 진행 중인 상황이어서 훈련은 속성으로 진행되었다. 최소한의 훈련만 했다는 얘기다. 젊은 여자 훈련병들은 거의 3년이 걸리는 훈련을 단 3개월 만에 벼락치기로 끝냈다. 하지만 그녀들이 겪어야 했던 가장 큰 어려움은 훈련이 아니라 남자 동료들의 차별이었다. 남자 조종사 대부분이 여성 조종사와 편대를 지어 비행하기를 거부했고, 여성 정비병이 수리해 놓은 비행기에는 타지 않았다.

그러나 여성 전투기 조종사들은 위축되지 않았으며, 자신들의 존재 가치를 증명하는 데는 긴 시간이 필요치 않았다. 그녀들은 남자들과 똑같이 수많은 공중전을 치렀고 교량과 탄약 저장소를 폭격했으며, 소련 병사들의 안전한 전진로를 확보하고 군사시설을 방어했다.

특히 그녀들은 전진하는 독일군 병력을 야간에 폭격하는 일에 성공적인 전과를 올렸다. 전투에 지친 병사들에겐 잠이 무엇보다 중요하다는 것을 생각하면, 밤의 마녀 비행단의 공습에 밤새 시달리는 일은 재앙과도 같았을 것이다. 독일군 지휘관은 밤의 마녀 비행단의 습격을 이렇게 묘사했다.

'우리를 그토록 괴롭힌 소련의 비행사들이 여자였다는 사실을 꿈에도 몰랐다. 그녀들은 밤새 연이어 들이닥치고 또 들이닥쳤다. 우리는 밤새 한잠도 잘 수 없었다.'

하룻밤 안에 열여덟 번을 공습한 적도 있었다고 한다. 독일군은 그들의 공격에 진저리를 쳤고 '밤의 마녀'라는 별명으로 부르기 시작했다.

야간 공습이 끔찍한 것은 조종사에게도 마찬가지였다. 조종사들은 정상 상황이라면 훈련용으로나 사용될 복엽기를 타고 비행했는데, 한없이 느린 속도에다 엔진 소리가 커서 아주 먼 거리에서부터 발각되기 쉬웠다. 당연히 적들의 손쉬운 표적이 되었다. 이 엉성한 비행기들은 캔버스 천으로 만들어졌기에 총알이나 포탄에 맞으면 쉽게 불이 붙었다. 이는 조종사에게 죽음을 의미했다. 비행기엔 낙하산도 없었기 때문이다.

밤의 마녀들은 자신들의 약점을 보완하기 위해 모험적인 전술을 고안했다. 용감한 조종사 한 명이 적의 진영 위로 홀로 비행하며, 적의 조명과 기관총 사격이 자신에게 집중되도록 유인한다. 이 틈을 타서 두 대의 비행기가 엔진을 끈 채 활공하면서 폭탄을 투하한다. 무슨 일이 벌어지고 있는지 독일군이 알아차리기 전에 세 대의 비행기는 모두 사라져 버린다.

속도가 월등히 빠른 독일군 비행기가 뒤쫓아 올 때 쓰는 전술도 있었다. 땅바닥에 근접한 초저공 비행을 해서 자신들의 비행기를 나무 아래 숨기는 것이었다. 독일 공군 지휘부는 밤의 마녀 비행단의 비행기를 한 대라도 격추시키면 바로 철십자훈장(나치 독일의 최고 훈장-역주)을 주겠다고 약속했다고 한다.

용감한 여성 조종사들은 최소한 남자들만큼의 작전을 수행했다. 전원 여성으로 구성된 한 개 비행단이 전쟁 중 수행한 공습 횟수는 2만 4천 회에 달했다! 그들은 수천 개의 훈장과 포상을 받았다. 실제로 29명의 여성 조종사가 소련 최고 훈장인 소비에트연방 영웅 칭호를 받았는데, 그중 23명이 밤의 마녀 비행단 소속이었다.

이 중에 독일군에게 악명이 높았던 대담무쌍한 여성 조종사가 있었으니, 바로 릴리야 리트비야크였다. 릴리야는 아름다운 외모와는 달리 타고난 비행사였다. 다른 학생들에 비해 엄청나게 빠른 속도로 비행을 익혔고, 탁월한 실력을 인정받아 10대의 나이에 비행 클럽의 교관이 되었다. 릴리야는 마리나가 여성 조종사를 모집한다는 라디오 연설을 했을 때, 여성 비행 부대에 최초로 자원한 사람 중 한 명이다. 그녀는 빠르게 승진해 남자 부대에 배속되었고 스탈린그라드 상공에서 목숨을 건 전투에 참여했다.

릴리야는 얼마 안 있어 비행단 남성 동료들의 존경을 받게 됐다. 1년 좀 안 되는 전투 기간 중 168회의 성공적인 임무 수행 비행을 했고, 놀랍게도 12대의 적기를 격추시켰다. 그녀는 영예로운 붉은 깃발 훈장을 받았고 대위로 승진했다.

그녀는 자신의 비행기 조종석 아래쪽 양쪽 동체에 커다란 흰 장미를 그려 넣었다. 그리고 자신이 격추한 적의 비행기 숫자에 맞춰 12송이의 작은 장미를 그려 넣었다. 그때부터 그녀는 '스탈린그라드의 하얀 장미'라는 별명으로 불리게 되었다(원래 러시아어로는 하얀 백합인데, 서방에 전해지면서 하얀 장미로 잘못 번역되었다고 한다-역주).

1943년 8월, 적의 폭격기를 정찰하던 릴리야의 비행기를 8대의 독일 전투기가 에워쌌다. 그들은 하얀 장미를 알아보았고 절대로 놓치지 않을 작정이었다. 8대의 적기와 용감히 싸웠지만, 스탈린그라드의 하얀 장미는 결국 불꽃을 뿜으며 떨어져 내렸다. 당시 릴리야의 나이는 겨우 스물둘이었다.

마리나 역시 전쟁이 끝나기 전에 전사했다. 1943년 앞이 보이지 않는 눈보라를 뚫고 2대의 비행기를 인도하던 중, 마리나는 방향을 잃었다. 비행 고도가 너무 낮았던 것이다. 마리나는 볼가강의 가파른 강둑에 부딪혀 목숨을 잃었다. 여성 전투기 조종사들은 자신들의 영웅이었던 마리나를 잃고 깊은 충격과 슬픔에 빠졌다.

소련의 전쟁 영웅, 마리나와 릴리야는 자신들의 여성 동료들을 매우 자랑스러워했다. 밤의 마녀 비행단은 역사상 가장 혹독하고 위험한 공중 전투의 한 부분을 담당했다. 그녀들은 물러서기를 거부했고, 독일 침략군과 싸워 조국에 승리를 가져다주는 일에 당당히 한몫했다.

조국의 독립과 민주주의를 위해

★ 인디라 간디 ★

INDIRA GANDHI

1917~1984년 | 정치가 | 인도

★

열두 살 인디라는 교과서를 손에
든 채, 차의 뒷좌석에 앉아 있었다. 그녀는 인도 국민회의당의 최
고 지도자들이 영국에 대항하는 반란을 계획하는 비밀회의에 참석
했다가 나온 참이었다. 당시 인도는 영국의 식민지였고, 인도 국민
들은 나라의 독립을 위해 싸우고 있었다.

인디라가 탄 차가 높은 철문 앞에 도착하자 경찰이 운전기사에
게 멈추라고 지시했다. 인디라의 심장이 빠르게 뛰었다. 경찰이 차
를 조사하면 인디라는 체포될 것이고, 지도자들과 함께 감옥에 갇
히게 될 것이었다. 인디라는 두려움을 감추며 "학교에 지각했으니
빨리 보내주세요"라고 말했다. 경찰들은 작은 소녀의 말을 믿고 보
내주었다. 그 차의 트렁크에 독립 운동에 관련된 문서가 잔뜩 실려
있을 거라고는 꿈에도 생각하지 못했을 것이다.

문을 통과하자 인디라는 차의 뒷유리를 통해 자신이 금방 빠져
나온 쪽을 바라보았다. 경찰이 이미 그곳을 포위하고 있었다. 그
안에서 지도자들이 인디라의 차가 빠져나가는 것을 초조하게 지켜
보고 있었다. 자신들의 본부가 습격당할 것을 눈친 챈 지도자들이

가장 중요한 문서를 어린 소녀의 차 트렁크에 실어 놓았던 것이다. 영국 측에 들어가면 치명적일 수 있는 문건들이 소녀 덕분에 안전하게 보존되었다.

이 용기 있고 대담한 행동은 나라에 대한 헌신으로 일관된 인디라 생애의 시작에 불과했다. 그 후 열두 살 소녀는 인도 민주주의 역사상 첫 번째 여성 지도자이자 세계에서 가장 강력하고 영향력 있는 정치가 중 한 명이 되었다.

'인디라 프리야다르시니 네루'는 1917년 인도의 알라하바드에서 태어났다. 당시 인도는 160년 넘게 영국의 지배를 받고 있었다. 영국 침략자들은 모든 것을 통제했고, 인도 시민들은 자기 나라에 대해 아무런 힘도 행사할 수 없었다. 인도의 독립에 대해 말만 꺼내도 누구를 막론하고 감옥에 갇혔다.

인도 독립투쟁의 지도자인 네루 부부의 외동딸인 인디라는 어린 시절 홀로 지내는 시간이 많았다. 그녀의 부모가 자주 투옥되었기 때문이다. 하지만 부모의 활동은 인디라에게 용기와 힘을 불어넣었다. 어릴 적부터 인디라는 열정적으로 조국을 사랑했고, 혁명을 주도하는 국민회의당을 돕기 위해 할 수 있는 일은 무엇이든 했다.

열두 살이 된 인디라는 인도 청소년들의 모임인 '몽키 브리게이드'를 만드는 일에 참여했다. 몽키 브리게이드는 편지를 부치고, 연설문을 쓰고, 음식을 만드는 등 일상적인 일을 하며 국민회의당을 돕는 일을 했다. 이 청소년 조직의 더 중요한 임무는 영국 경찰의 동태를 살피는 것이었다. 아이들은 놀이를 하는 척하면서 경찰의 대화를 엿들었고, 체포 계획 같은 것을 국민회의당에 보고하곤 했다. 몽키 브리게이드의 경고로 활동가들은 도피할 시간을 벌 수 있었다. 영국 경찰은 천진해 보이는 아이들이 스파이일 거라고는 의심하지 못했다.

1937년 인디라는 영국의 옥스퍼드대학에 입학했다. 영국에서 공부하는 동안 그녀는 어릴 적 친구인 페로즈 간디와 약혼했고, 두 사람은 1942년 인도로 귀국한 뒤 결혼했다. 인도로 돌아와 보니 그녀의 조국은 혈투의 한가운데 놓여 있었다. 그녀는 즉각 국민회의당 활동을 재개했고, 얼마 지나지 않아 영국은 인디라의 존재에 대해 알게 되었다.

인디라는 8개월간 투옥되었지만 희망을 버리지 않았다. 다른 독립운동가들이 위대한 전진을 하고 있었기 때문이다. 1947년 영국은 더 이상의 싸움을 포기했다. 거의 200년 가까운 식민 지배 끝에, 마침내 인도는 독립했다!

전쟁이 끝난 후 인도 국민회의당 안에서 가장 영향력 있는 지도자였던 인디라의 아버지(자와할랄 네루)가 1대 총리가 되었다. 인디라는 이미 세상을 떠난 어머니를 대신해 아버지의 퍼스트레이디 역할을 맡았다. 그녀는 1959년 국민의회당 의장으로 선출되었는데 인도 정치인 중 두 번째로 높은 서열에 오른 것이다.

1964년 인디라는 정보방송부 장관에 임명되었다. 글을 읽을 줄 아는 국민이 소수인 인도에서 라디오와 텔레비전은 민중에게 뉴스와 정보를 전달하는 엄청난 힘을 갖고 있었다. 인디라는 라디오와 텔레비전 프로그램을 두 배로 늘리고 저렴한 가격의 라디오를 생산하는 등 언론 환경을 획기적으로 개선했다. 그녀는 연설하고 싶은 사람 누구에게나 공중파를 개방했다. 정부에 비판적인 사람들도 자유롭게 자기 생각을 방송에서 말할 수 있었다. 인도는 진정한 민주주의 국가가 되어 가고 있었다.

2년 후 인디라는 인도 총리로 선출됐다. 그녀는 민주주의 국가를 통치한 최초의 여성이었다. 그녀가 통치해야 할 나라는 엄청난 인구에 다양한 철학과 종교를 갖고 있었다. 신생 독립국 인도는 국민의 자유를 위협하는 온갖 문제와 위협에도 시달리고 있었다. 인디라가 총리로서 제대로 일할 수 있으리라 생각한 사람은 많지 않았다. 하지만 그녀는 강력하고 노련한 지도자임을 증명했다.

임기 동안, 인디라는 인도의 국제적 영향력을 강화했고 강대국들이 인도를 좌지우지하지 못하도록 이끌었다. 인도 최초의 인공위성을 쏘아 올렸으며, 가난 추방 운동을 해서 민중의 삶을 향상시켰다. 1971년 인디라는 반대 세력의 총공세에도 불구하고 총리로 다시 선출되었다.

총리로서의 두 번째 임기 동안, 인디라는 자발적 불임 수술 정책을 시행하여, 더이상 자녀를 원하지 않는 사람들이 임신하지 않을 수 있게 했다. 인구를 억제하고 가난이 대물림되지 않게 하기 위한 조치였다. 1975년 반대 세력들의 저항이 심각한 국면에 이르자, 인디라는 비상사태를 선포했다. 그녀는 정적들을 투옥했고 언론을 검열했다. 짧은 기간이지만 비민주적 조치가 행해진 것이다. 결국 인디라는 선거에 패배했고 총리직에서 물러났다. 그러나 그 후 2년 동안 지지세를 회복하여 1979년 압도적인 표차로 다시 총리 선거에서 승리했다.

인디라는 사랑하는 조국을 발전시키기 위해 노력했지만, 언제나 강한 반대에 부딪혔다. 1984년 그녀는 자신의 경호원인 두 명의 시크교도에 의해 암살당했다. 시크교 분리주의자들이 점거한 사원을 공격했다는 이유에서였다. 인디라의 의지는 그녀가 암살당한 후 세상에 밝혀졌다. 인디라는 생전에 이런 말을 남겼다.

내가 폭력적인 죽음을 당한다 해도 폭력성은 암살자의 생각과 행동에 깃들어 있을 뿐, 죽어 가는 나와는 아무 관련이 없습니다. 그 어떤 증오도 내 나라, 내 국민에 대한 나의 사랑을 뒤덮을 정도로 어두울 수는 없기 때문입니다.

정치가로서 인디라의 삶은 논쟁거리로 가득하지만, 조국이 식민 지배에서 벗어나고 민주주의의 뿌리를 내리도록 그녀가 평생 노력했다는 사실에는 변함이 없다. 그녀가 통치한 시기는 인도 역

네아 굽타
Neha Gupta

네아는 아홉 살 때 비영리 단체 '임파워 오펀스'를 만들었다. 부모가 없거나 버려지거나 혜택을 받지 못하는 아이들에게 기초 교육을 하고 기술을 가르쳐서 스스로의 힘으로 살아갈 수 있도록 돕는 것이 목표다. 임파워 오펀스는 25만 달러 이상의 기금을 모아 15,000명이 넘는 아이들의 생활을 긍정적으로 변화시켰다. 네아는 복합 도서관, 컴퓨터실, 재봉센터, 과학 실험실 등을 개설해 아동의 복지 향상에 힘쓰고 있다.

사상 해결해야 할 과제와 골칫거리가 가장 많은 시기였다. 그녀의 나라 사랑과 국민 사랑은 의심의 여지가 없고 인도의 복지를 향상시키겠다는 의지 또한 확고했다. 의지와 확신의 여인, 인디라는 가장 많은 인구, 가장 다양한 민주주의를 가진 나라를 발전시키겠다는 포부를 펼친 강력한 지도자였다.

세상에
사랑과 희생의 힘을
전파한 소녀

★ 마더 테레사 ★
MOTHER TERESA

1910~1997년 | 선교사 | 마케도니아, 인도

아그네스는 십자가 앞에 무릎 꿇었다. 텅 빈 교회에 그녀 혼자였다. 예수님상을 올려다보며 아그네스는 지극한 평화로움을 느꼈다. 그녀는 예수님이 어떤 식으로 가난한 사람들에게 봉사했는지, 어떻게 차별받고 소외된 사람들을 사랑하는 데 생명을 바쳤는지에 대해 자주 생각하곤 했다.

예수님은 사랑을 베풀고 평등과 용서를 실천했다는 이유로 죽임을 당하셨다. 아그네스는 예수님 앞에 무릎 꿇고, 평생 꺾이지 않을 강한 확신을 느꼈다. 그녀 역시 가난한 이들을 돕고, 차별받고 소외된 사람들을 사랑할 것이다. 불행한 사람들을 돕겠다는 이 어린 소녀의 소망은 결국 빈곤에 대항하는 전 지구적 운동으로 피어나게 된다.

'아그네스 곤자 보야지우'는 1910년 마케도니아에서 태어났다. 그녀는 알바니아계 부모의 세 자녀 중 막내였다. 아버지는 그녀가 아주 어릴 때 세상을 떠났고, 어머니는 가족을 부양하기 위해 옷 만드는 일을 했다. 고된 일상에서도 아그네스의 어머니는 봉사활동을 했다. 딸을 데리고 병들고 가난한 사람들을 방문해 도움을 준 것이다. 어릴 때부터 조용하고 사려 깊었던 아그네스는 곤궁한 사람들을 돕는 것을 기뻐했다. 신앙심이 깊었던 그녀는 시시때때로 성당에 기도하러 갔다.

열두 살이 되었을 때, 아그네스는 일생의 소명을 받았다. 로레토 수녀회에 들어가 수녀로서 첫 공식 서원을 하고 '테레사 자매(선교의 수호성인)'란 이름을 받은 것이다. 그 후 그녀는 캘커타의 수녀원 부속 학교에 교사로 파견되었다. 테레사 자매의 인도주의자로서의 활동은 그렇게 시작되었다.

테레사 자매는 성모학교에서 20년간 일한 끝에 교장이 되었다. 하지만 그녀는 수녀원 담 너머에 사는 사람들의 끔찍한 생활을 그냥 두고 볼 수 없었다. 캘커타의 거리에는 집 없는 아이들, 거지, 나병 환자들이 넘쳐났고, 그들 대부분은 병들고 굶주렸다. 이들 역시 예수님이 사랑하신 사람들이었다.

1946년 9월 10일, 테레사 자매는 다르질링으로 가는 열차에 몸을 실었다. 그녀의 말에 따르면 또 한 번 신의 부름을 받았다. 이 '소명 속의 소명'은 그녀에게 수녀원과 학교를 떠나 가난한 사람들 속에 살면서 그들을 도우라는 것이다. 복종할 수밖에 없었다. 그녀는 수도원을 떠나 캘커타의 거리로 나갔다.

테레사 자매는 특히 아이들을 사랑했기에 곧바로 빈민가의 청소년을 돕는 일에 집중했다. 그녀는 청소년을 위한 비공식 학교를 시작했다. 언어와 수학 외에 아이들에게 질병 예방을 위해 몸을 청결하게 유지하는 법 등을 가르쳤다.

1950년 테레사 자매는 가난한 사람들을 돕는 일에 앞장설 '사랑의 수녀 선교회'를 만들었다. 그때부터 테레사 자매는 '마더 테레사'로 불리게 되었다. 일은 고되었고 날은 길었다. 하지만 전 세계에서 젊은 수녀들이 새로운 단체에 합류하기 위해 몰려들었다.

사랑의 선교회에서 일하는 수녀들은 새벽 4시 30분에 일어나 예배에 참석하고 아침 식사를 했다. 그다음 도시 빈민가로 나가 점심 식사 때까지 일했다. 점심 식사 후 기도를 올린 다음 잠시 쉬고 다시 일을 시작해서 어두워질 때까지 계속했다.

사랑의 선교회는 계속 성장했다. 마더 테레사의 리더십과 수녀들의 열의 덕분이었다. 1952년 마더 테레사는 죽어가는 이들을 위한 시설 '니르말 흐리다이(순결한 마음이란 뜻)'를 열었다. 중병에 걸린 환자들이 이곳에서 당당하고 평화롭게 죽음을 맞을 수 있었다. 그후 마더 테레사는 첫 번째 고아원을 설립했고, 나병 환자를 비롯해 심각한 장애를 가진 사람들을 위한 병원도 열었다.

몇 년의 세월이 흐르자 마더 테레사에 대한 이야기가 전 세계로 퍼져 나갔다. 그녀에게 많은 상과 영예가 주어졌다. 마더 테레사는 그런 상과 영예가 자신에게 주어진 것이라고 생각하지 않았다. 전 세계의 불우한 사람들과 가난에 시달리는 사람들을 대표해서 받는 것이라 여겼다. 마더 테레사는 노벨평화상을 비롯해 교황 요한 23

세 평화상, 종교 진보를 위한 대영제국 템플턴상, 평화와 국제 이해를 위한 필리핀의 라몬 막사이사이상 등을 받았다.

생애 마지막 시기, 마더 테레사는 많은 병을 앓았지만 선교 일을 계속하다가 1997년 87세의 나이로 세상을 떠났다. 전 세계 사람들이 평생 사랑을 나누는 일에 헌신한 이 겸손한 여인의 죽음을 애도했다. 사랑의 선교회는 마더 테레사의 뜻을 이어받아 활동을 이어가고 있다.

전통을 지키고 사랑을 실천한 지도자

★ 살로테 투포우 3세 ★

SALOTE TUPOU III

1900~1965년 | 여왕 | 통가

★

　　　　　영국 여왕 엘리자베스 2세의 대
관식 날, 전 세계 왕족들이 영국으로 모였다. 그런데 통가의 여왕
살로테 투포우 3세는 외교 사절 중에서도 눈에 띄는 특이한 모습
을 하고 있었다. 그녀는 유럽식 복장 위에 통가 전통의 '타오발라
(예식용으로 허리에 두르는 장식 매트-역주)'를 두르고 있었다. 그날 런던
엔 비가 쏟아졌지만 살로테 여왕은 마차 덮개를 연 채 행진했다.
그녀는 거리에 줄지어 선 많은 군중에게 손을 흔들었고, 사람들은
열광적인 환호로 답했다.

　마차가 목적지에 도착했을 때 살로테 여왕은 비에 흠뻑 젖은
상태였다. 깜짝 놀란 다른 나라 왕족들이 왜 마차 덮개를 닫지 않
았냐고 묻자, 여왕은 미소 지으며 말했다. 영국 국민들이 쏟아지
는 빗속에서 대관식 행렬을 지켜보고 있으니 자신도 비를 맞는 것
이 공평한 일이라고. 또한 더 높은 지위의 통치자(영국 여왕을 말한
다)가 있을 때는 자신을 가려서는 안 된다는 것이 통가의 오랜 전
통이라고.

　국민에 대한 사랑과 전통을 보전하려는 의지야말로 살로테 여왕

의 통치에 있어 가장 두드러진 특징이었다.

'살로테 마필레오 필로레뷔'는 1900년 태평양 서남쪽의 섬나라 통가에서 태어났다. 아홉 살 때 뉴질랜드로 유학을 떠났다가 열일곱 살에 통가로 돌아와 결혼했다. 이듬해 아버지가 세상을 떠나자, 살로테는 열여덟 살에 살로테 투포우 3세로 공식 즉위했다. 즉위식 때도 살로테는 조상들로부터 전해 내려온 타오발라를 둘렀다. 600년이나 된 타오발라는 고대 신들의 상징이었다.

그 시절 통가는 영국의 보호령 아래 있었다. 즉 군사적으로 영국의 보호를 받으며 영국의 영향력 아래 있었던 것이다. 그러다가 살로테 여왕이 통치하는 기간 중에 통가에 대한 영국의 지배력이 소멸되었다. 하지만 통가와 영국의 유대관계는 변함없이 유지되었고, 살로테 여왕은 영국 정부로부터 서훈을 받기도 했다. 이에 대한 답례로 통가는 제2차 세계대전 중 영국에 군대를 파견하기도 했다.

살로테 여왕은 통가를 발전시키기 위해 온 힘을 다했기 때문에 국민들로부터 큰 사랑을 받았다. 여왕이 관심을 가진 분야는 농업, 보건, 교육이었다. 통가 국민들이 더 나은 교육을 받고 더 좋은 생활 환경에서 살아갈 수 있도록 다양한 방법을 개발했다. 특히 여성의 복지 향상에 특별한 관심을 기울였다. 소녀들이 차별 없이 교육을 받을 수 있도록 노력했고 '범태평양 및 동남아시아 여성협회' 활동에도 적극적이었다.

살로테 여왕은 자국의 전통을 사랑해서 통가 문화가 보존되도록 애쓰기도 했다. 1954년 여왕은 '통가 전통위원회'를 만들어 전통 공예품 생산을 권장했다.

살로테 여왕은 는 국민 곁에 있었다. 그녀는 왕국을 개방했으며 가난한 국민들에게 선물을 보냈다. 여왕은 시와 노래를 통해 통가 의 문화를 예찬했으며 통가의 역사와 전통, 자연과 통가인의 생활 을 주제로 시를 쓰기도 했다. 그녀는 자신이 쓴 시에 곡을 붙여 노 래를 만들었다.

············ 지금 세상을 바꾸고 있는 10대 ············

호시클레이아 다 시우바
Rosicléda da Silva

브라질 아마존 지역에서 성장한 호시클레이아는 삼림 파괴가 환경에 어떤 피해를 입히는지 직접 목격했다. 그녀가 초등학생일 때 이미 전 세계적 환경 보호 운동인 '어젠다 21'의 출범을 도왔으며, 그 후에는 환 경의 지속가능성을 위해 노력하는 '밀레니엄 개발 목표 7'에도 관여하 고 있다. 호시클레이아는 J8(8개국 청소년 정상회담)에 브라질 대표로 참가했고, 이런 사실이 유니세프 라디오 채널에서 특집으로 다뤄지기 도 했다.

여왕의 친구였던 닥터 우드는 이렇게 기록하고 있다.

길게 줄지어 선 1만 명의 아이들에게 왕궁 입장이 허락되었다. 아이들은 왕궁의 정원 테라스에 앉아 있는 여왕에게 손을 흔들었다. 여왕은 건강이 좋지 않았음에도 불구하고, 아이들의 인사를 받으며 미소를 지었다. 이것이 통가 국민이 볼 수 있었던 여왕의 마지막 모습이었다.

1965년 12월 16일, 모든 국민이 사랑한 여왕 살로테가 세상을 떠났다. 통가 역사상 가장 긴 47년간 왕국을 다스린 살로테 여왕은 지혜롭고, 우아하며, 사려 깊은 여왕으로 영원히 기억될 것이다.

건국을 향한 거침없는 투쟁

★ 골다 메이어 ★
GOLDA MEIR

1898~1978년 │ 총리 │ 이스라엘

★

"내 딸이 길거리에서 구경거리가 된다니, 그건 안 돼! 수치스러운 일이라고!"

골다의 아버지는 화가 머리끝까지 나서 소리쳤다. 열일곱 살 골다는 유대교 회당 앞에서 연설하기로 되어 있었다. 골다는 "이웃의 유대인들이 자신의 연설을 듣고 멀리 팔레스타인에 있는 동지들을 돕게 되었다"라고 아버지에게 말했다. 하지만 아버지는 그녀의 말을 끝까지 듣지 않고 소리부터 질렀다.

"네가 다시 거기에 가면, 네 머리채를 잡아서 집으로 끌고 올 거다!"

골다는 아버지의 말을 거역하고 연설 장소로 갔지만, 몸이 떨리는 것은 어쩔 수 없었다. 골다는 팔레스타인에 거주하는 용감한 유대인들을 주제로 열정적인 연설을 했다. 그들은 유대인을 위한 나라, 박해로부터 안전한 나라를 세우기 위해 안간힘을 쓰고 있었다. 다행히 골다의 아버지는 보이지 않았다. 청중들이 눈을 반짝이며 그녀의 말을 듣고 있었다. 골다의 연설이 끝나자 청중들은 박수를 치며 환호했다. 아버지에게 벌 받을 것을 각오하고 집에 들어간 골다를 어머니가 문간에서 맞아 주셨다.

"아버지는 지금 주무신단다. 하지만 네 연설을 들었다는구나. 내게 '그 아이는 그런 것을 어떻게 알게 됐는지 모르겠군'이라고 하셨어."

골다의 아버지는 딸의 연설에 감동해 그녀를 혼냈던 일을 까맣게 잊어버리고 말았다. 골다는 이제까지 자신이 한 연설 중 그날 연설이 가장 훌륭했다고 생각했다.

골다 마보비치는 1898년 러시아의 키예프에서 태어나 그곳에서 5년을 살았다. 어린 나이에 골다는 유럽에 사는 유대인들의 고통을 경험했다. 분노한 러시아인 폭도들은 이웃에 살던 유대인들의 집과 상점을 부수기 일쑤였고, 때로는 유대인들을 폭행하고 살해하기까지 했다. 러시아 경찰은 유대인들에게 전혀 도움이 되지 못했다. 유대인 사회가 그런 만행에 항의하는 뜻으로 하루 단식을 했을 때, 골다 역시 가족들의 만류를 뿌리치고 굶기를 고집했다.

오래되지 않아 골다의 아버지는 러시아에서 유대인으로 살아가는 일이 너무 위험해지고 있다는 사실을 깨달았다. 아버지는 가족과 함께 미국으로 이주하기로 결정했다. 길고도 위험한 여행 끝에 가족은 미국에 도착했고, 위스콘신주의 밀워키에 정착했다. 골다의 어머니는 가족이 사는 아파트 아래층에 잡화점을 열었고, 골다는 아침에 어머니가 시장에서 물건을 떼오는 동안 가게를 지켰다.

골다는 공부를 좋아했고 성적도 뛰어났다. 열일곱 살에 이미 대중 연설과 모금을 시작했고, 이때의 활약으로 후일 유명인이 될 수 있었다. 그녀는 친구들 대부분이 돈이 없어 교과서를 사지 못한다는 것을 알게 되자 모금 조직을 만들었고, 댄스파티를 계획해 가난한 집 아이들에게 교과서를 사주었다.

그 시절 대부분의 여자아이는 고등학교에 진학하지 않았고 취직하거나 결혼을 했다. 골다가 고등학교에 진학하고 대학까지 갈 예정이라고 밝히자, 골다의 부모는 비밀리에 골다를 나이 많은 남자에게 시집 보낼 계획을 세웠다. 이 사실을 알게 된 골다는 언니와 함께 집을 나와 콜로라도주의 덴버로 갔다. 그곳에서 고등학교를 다니며 시오니스트 운동에 참여했다. 시오니스트들은 아득한 옛날 자신들의 고향이었던 팔레스타인 땅에 새로운 나라를 세워야 한다고 믿는 사람들이다.

몇 년 후 골다는 집으로 돌아왔고 사범대학에 입학했다. 그리고 더 열렬히 시오니스트 운동에 참여했다. 1917년 열아홉 살이 된 골다는 일생 꿈꾸어 왔던 유대인의 나라 건설을 돕기 위해 자신이 직접 팔레스타인으로 갈 때가 됐다고 생각했다. 팔레스타인으로 떠나기 전에 골다는 모리스 메이어슨과 결혼했다.

골다와 모리스는 키부츠(공통의 목표를 향해 함께 일하며 생활하는 공동체-역주)에서 생활했다. 그곳에서는 함께 농사를 짓고, 함께 공동주택을 건설하고, 돈과 의복을 공유했다. 골다는 천성적으로 일을 좋아했고, 개량하고 혁신하는 일에 능했다. 그녀는 이내 자신이 속한 키부츠의 지도자로 선출되었다.

골다는 아들과 딸을 낳은 후 4년간 자녀교육에 집중했다. 그 후 그녀는 유대인을 위한 나라를 건설하는 일로 되돌아갔다. 골다는 열정적이고 에너지 넘치는 사람이었다. 그녀는 곧 새로 만들어지는 나라의 리더가 되었다.

골다가 정치에 입문한 1930년대, 유럽에 사는 유대인들의 삶은 하루가 다르게 황폐해져 갔다. 유대인은 이전보다 더 박해받았고, 히틀러와 나치 일당이 유대인을 공격하기 시작했다. 7만 명의 난민이 팔레스타인으로 도망쳐 왔다. 그들에게 팔레스타인은 유일한 피난처였다.

하지만 팔레스타인 지역에 사는 아랍인들은 유대인의 이주가 증가하자 강하게 반발했다. 그들은 유대인 정착촌을 공격했고, 영국 정부(그 지역에 대한 식민 지배권을 갖고 있었다)에게 난민을 입국시키기 말라고 요청했다. 1939년 히틀러가 유럽의 유대인들을 집단 수용소로 보내던 때, 영국은 유대인의 팔레스타인 이주를 막았다.

시오니스트들은 분노했다. 그들에게 남은 방법은 무력 투쟁뿐이었다. 골다는 유대인의 비밀 지하 무장 조직에 들어갔다. 그들은 유대인 난민들을 가능한 한 많이 팔레스타인으로 밀항시키기 시작했다. 영국의 봉쇄 선단에 들키지 않게 배들이 몰래 들어왔고, 난민들은 깜깜한 밤에 배에서 내렸다. 육지에서는 조직원들이 어둠을 틈타 조립된 집을 새로운 마을 부지에 옮겨놓았다. 해가 뜨면 어느새 구출된 이주민들로 바글거리는 마을이 하나 생겨나 있곤 했다!

1946년 2차 세계대전이 끝나자, 영국은 유대인들이 나라를 세우는 것을 허용하기로 했다. 하지만 골다와 그의 동지들은 영국이 철수하고 나면 자신들을 둘러싸고 있는 아랍 국가들이 공격해 올 것이란 사실을 알고 있었다. 골다는 건국될 나라를 방어할 무기를 마련하기 위해 미국으로 가서 돈을 모금했다. 시카고에서 행한 모금 연설에서, 골다는 유대인 청중들에게 이렇게 말했다.

"우리가 싸울지 말지는 여러분이 결정할 수 있는 일이 아닙니다. 우리는 싸울 것입니다. 우리가 사느냐 죽느냐, 여러분이 결정해야 할 것은 그것뿐입니다."

골다의 연설은 아주 효과적이었다. 그녀는 5천만 달러를 손에 쥐고 고향으로 돌아갔다. 1948년 유엔의 표결을 통해 '이스라엘'이라는 유대인의 나라가 탄생했다. 이스라엘을 이끌 지도자들이 선출됐고, 그들은 독립선언에 서명했다. 골다는 그 자리에서 울음을 터뜨렸다. 누군가가 이유를 묻자 그녀는 이렇게 답했다.

"당연히 이 자리에 있어야 하지만 함께 이 자리에 설 수 없게 된 사람들 생각에 가슴이 찢어집니다."

숨 돌릴 틈도 없이 유대인과 아랍인 사이에 전쟁이 시작됐다. 골다가 조달한 자금 덕분에 이스라엘은 나라를 지켜 낼 수 있었다.

골다는 자신의 성을 '메이어슨'에서 히브리어인 '메이어'로 바꾸고 새 정부의 일원으로 일하기 시작했다. 골다가 외무부 장관이 됐을 때, 이스라엘은 시나이반도와 가자지구 점령으로 이집트의 위협에 대응했다. 골다는 유엔에서 자신들의 점령 행위에 대해 이렇게 밝혔다.

"우리가 원하는 것은 평화뿐입니다. 하지만 언제든 깨질 수 있는 냉전 상태를 평화와 동일시할 수는 없습니다."

40년간 유대인을 위한 나라를 세우겠다는 사명에 몸을 바친 그녀는 은퇴를 생각했지만 이스라엘은 그녀를 놓아주지 않았다. 1969년 골다는 수상에 취임해 달라는 요청을 받았다. 71세의 골다는 드디어 유대인의 나라를 이끄는 지도자가 되었다. 수상으로 일한 5년 동안, 골다는 나라를 건설하고 그 나라를 적대국과 테러리스트들로부터 지키는 일에 최선을 다했다. 수상직에서 물러난 후에도 그녀는 평화를 위한 활동을 계속했다.

이스라엘 국민들에게 골다는 건국의 상징이며, 이스라엘 역사상 가장 힘들었던 격동의 시대에 나라를 이끌었던 인물로 기억될 것이다. 가난한 친구에게 교과서를 사주기 위해 모금하던 어린 소녀에서 이스라엘의 수상이 된 그녀의 생애는 꿈과 의지의 힘이 얼마나 큰지 알려주고 있다.

자유를 찾는 이들에게 '모세'라고 불린 소녀

★ 해리엇 터브먼 ★
HARRIET TUBMAN

1820~1913년 │ 노예해방 운동가 │ 미국

해리엇은 다른 노예들과 함께 뜨거운 태양 아래서 옥수수 껍질을 벗기고 있었다. 그때 얼핏 키 큰 흑인 하나가 숲속으로 숨어드는 모습이 보였다. 해리엇의 가슴이 사정없이 요동쳤다. 도망치려는 걸까? 성공할 수 있을까? 그녀는 긴장으로 심장이 옥죄는 듯했다.

곧이어 현장 감독이 흙먼지를 일으키며 달려왔다. 그는 허리춤에서 뱀 가죽으로 만든 채찍을 꺼내 들더니 숲으로 향했다. 해리엇은 무슨 일이든 해야 한다고 느꼈다. 하지만 열다섯 살 흑인 소녀가 어떻게 해야 채찍을 든 백인 남자를 멈추게 할 수 있을까?

더 생각할 틈도 없이 해리엇은 현장 감독의 뒤를 쫓았다. 숲속 창고에 이르니 백인 감독이 도망치던 노예의 뒷덜미를 움켜쥐고 있었다. 노예의 눈에는 공포가 가득했다. 감독이 해리엇에게 소리쳤다.

"야, 이놈 좀 잡고 있어! 여기에 묶어 놓고 채찍 맛을 보여줘야겠다!"

조용하지만 분노에 찬 목소리로 해리엇이 대답했다.

"싫어요, 그렇게 못 해요!"

예상치 못했던 대답에 현장 감독의 손에 잠시 힘이 풀린 사이, 노예는 창고 밖으로 튀어 나갔다. 눈 깜짝할 사이였다. 해리엇은 창고 문을 가로막았고, 화가 난 감독은 납으로 만들어진 추를 움켜쥐고 도망치는 노예를 향해 휘둘렀다. 하지만 빗나간 추는 해리엇의 미간을 때렸다. 그녀의 이마에서 피가 뿜어져 나왔고 세상이 캄캄해졌다.

이 사건으로 인해 해리엇은 엄청난 매질을 당해야 했다. 하지만 자유를 찾는 동족을 돕는 일은 그때부터가 시작이었다. 얼마 안 있어 해리엇에게 '모세'라는 새로운 이름이 붙여졌다. 모세는 이집트에서 노예로 살고 있던 민족을 이끌어 자유를 찾게 해준 유대인 영웅이다. 그리고 해리엇 '모세' 터브만은 미국 역사상 가장 많은 흑인 노예에게 자유를 찾아준 인물이 되었다.

해리엇은 1820년 메릴랜드주의 한 농장에서 노예 부모 사이에서 태어났다. 11명의 자녀 중 한 명이있다. 해리엇의 어머니는 백인 주인인 브로다스 씨의 집안일을 했고, 아버지는 벌목 일을 도왔다.

브로다스는 자기 소유의 노예들을 동물처럼 번식시켜 재산을 불렸다. 해리엇은 그녀의 형제와 친구들이 '강 건너로 팔려 가는' 일을 숱하게 지켜보았다. 한 번 팔려 가면 다시는 그들을 볼 수 없었다. 해리엇은 늘 북쪽으로 도망치는 꿈을 꿨다.

노예에게 어린 시절은 아주 짧았다. 해리엇이 다섯 살이 되자 주인은 그녀를 시골에 사는 한 가족에게 빌려주었다. 해리엇은 부엌 바닥에서 자면서 음식 찌꺼기를 개들과 나눠 먹었다.

해리엇은 답답한 집 안에서 자신을 소유한 사람들을 위해 일하는 것이 싫었다. 그녀는 주인에게 집 밖에서 일하고 싶다고 했다. 해리엇이 강인하다는 것을 알고 있었던 주인 브로다스는 곧바로 그녀가 남자들과 함께 바깥일을 하도록 했다. 밭을 갈고, 장작을 패고, 소를 모는 것이 그녀의 일이 되었다.

어떤 일을 하든 해리엇은 자유를 향한 꿈을 잊은 적이 없었다. 하지만 자유를 얻는 일은 쉽지 않았다. 주인이 도망친 노예를 신고하면, 백인 추적자들이 개를 끌고 마을 외곽을 샅샅이 수색하곤 했다. 도망쳤다가 잡혀 온 노예는 채찍으로 맞았고, '도망자(runaway)'를 뜻하는 영문자 R의 낙인이 찍힌 채, 무시무시한 '딥 사우스' 지역으로 보내졌다. 딥 사우스란 노예에게 더 가혹했던 조지아, 앨라배마, 미시시피, 루이지애나, 사우스캐롤라이나주를 말한다. 해리엇의 몸은 이미 수많은 채찍질이 남긴 상처로 가득했지만 그녀는 두려워하지 않았다.

해리엇은 열다섯 살 때 도망치던 노예를 돕다가 당한 매질로 거의 죽을 뻔했다. 그녀는 몇 주간 혼수상태였고 여섯 달이 지나서야 겨우 걸을 수 있었다. 그 사건 이후 해리엇은 평생 미간에 움푹 팬

상처를 안고 살아야 했고, 수면 발작이란 병에 시달렸다. 하루에도 몇 번씩 갑작스럽게 잠에 빠졌고, 스스로 깨어나기 전에는 아무도 그녀를 깨울 수 없었다. 그러나 그녀는 그날의 일을 한 번도 후회하지 않았다.

1849년 해리엇은 노예 생활로부터 도망치기로 마음을 굳혔다. 그 무렵 해리엇은 '지하철도'란 얘기를 들었다. 도망친 노예들을 숨겨주고 그들이 자유를 찾는 여정에 도움을 주려는 사람들의 비밀 조직이었다. 도망친 노예들은 낮에는 안전한 '역(지하철도 조직의 사람들이 소유한 집, 헛간, 교회 등)'에서 자고, 밤에는 계속 걸었다. 해리엇 역시 지하철도의 도움을 받아 북쪽으로 갈 계획이었다.

어느 캄캄한 밤, 해리엇은 혼자 몸으로 자유를 찾아 출발했다. 첫 번째 '역'에서 해리엇은 '티켓'이라 불리는 종잇조각을 받았다. 거기엔 여정 중에 만날 우호적인 가정의 목록이 적혀 있었다. 해리엇은 목록에 있는 집에 티켓을 제시하고 집 안으로 들어갈 수 있었다. 어떤 집에서는 해리엇에게 빗자루를 주고 현관을 청소하라고 했다. 청소하고 있는 흑인 여자를 의심할 사람은 없을 테니까. 마침내 해리엇은 150킬로미터를 걷고 늪지와 삼림을 통과해 자유 펜실베이니아주에 도착했다. 처음으로 경험한 자유를 그녀는 이렇게 묘사했다.

"주변의 모든 것들이 찬란한 아름다움으로 빛났어요. 나무들 사이로 황금빛 태양이 떠올라 들판에는 눈부신 빛이 가득했고요. 마치 내가 천국에 있는 느낌이었어요."

하지만 해리엇은 자신이 얻은 자유에 만족할 수 없었다. 아직도 노예로 살고 있는 사람들이 많았기 때문이다. 해리엇은 곧바로 첫 번째 구조 임무를 계획했다. 1850년부터 1860년까지, 그녀는 남부로 잠입하는 19번의 위험한 여정을 소화했고 300여 명의 노예에게 자유를 찾아주었다.

해리엇은 영리했다. 토요일 밤늦게 농장에 도착해 할머니로 변장한 다음, 탈출하려는 노예들을 이끌고 일요일 새벽에 출발했다. 일요일에는 노예 주인들이 뒤쫓지 못하리란 것을 알고 있었기 때문이다. 북쪽으로 가는 길고 위험한 여정 내내 그녀는 놀랄 만큼 침착하고 냉철했다. 노예 중 하나가 겁에 질려 돌아가겠다고 하면, 그녀는 머리에 총을 겨누고 이렇게 말했다.

"계속 가! 아니면 여기서 죽든지."

자칫하다가는 지하철도 조직 전체가 붕괴될 수 있었기 때문이다. 그리고 해리엇의 말은 효과가 있었던 것 같다. 10년 동안 해리엇은 단 한 명의 '승객'도 잃지 않았다.

해리엇은 자신이 노예로 있었던 브로다스 씨의 농장에서도 임무를 수행했다. 1857년 그녀는 엄청난 위험을 무릅쓰고 연로한 부모님을 비롯해 온 가족을 구출하는 데 성공했다.

1850년 미국 의회는 노예의 탈주를 도운 사람을 처벌하는 법을 통과시켰다. 해리엇의 일이 더 위험해졌지만 그녀는 포기하지 않았다. 예전이라면 노예들을 미국 북부로 데려가면 되었지만, 이제는 자신의 승객들을 캐나다까지 인도해야 했다. 150킬로미터의 여정이 800킬로미터로 늘어난 것이다.

백인 농장주들은 자신들의 노예를 훔쳐 가는 의문의 도둑에 분노했다. 그들은 모세가 남자라고 믿었다. 여자가 어찌 그렇게 교활하고 뻔뻔하게 자신들의 코앞에서 노예를 훔쳐 갈 수 있단 말인가. 당시 노예에 걸린 현상금이 100달러에서 1,000달러 정도였는데, 모세에게 걸린 현상금은 무려 50,000달러였다.

1860년 남북전쟁이 일어나자 많은 노예가 주인으로부터 도망쳐서 노예해방을 주장하는 북군에 합류했다. 해리엇 역시 전쟁의 최전방에서 간호사로 일하며 부상 군인을 돌봤다. 그 후 해리엇은 북군의 스파이가 되어 적진에 침투해 고급 정보를 북군 측에 알려주는 역할을 했다. 사우스캐롤라이나의 남부 연합군 기지를 공격해 750명이나 되는 노예들을 한 번에 해방시키기도 했다.

해리엇은 93세에 투쟁으로 가득했던 일생을 마감했다. 해리엇이 어린 시절 노예로 살았던 곳 근처에 '터브먼 거리'가 있어 일생 자신에게 주어진 운명에 저항했던 소녀를 기억하고 있다. 모세라 불린 이 여인은 수없이 생명의 위협을 받으면서도 자신과 같은 처지의 사람들을 자유로 인도하는 일을 멈추지 않았다.

미국 횡단의 상징으로 박제된 원주민 소녀

★ 사카자웨아 ★
SACAGAWEA

1789~1812년 | 안내인, 통역자 | 미국

배는 곧 뒤집힐 것 같았다. 몇 사람은 배 안에 고인 물을 양동이로 퍼내고, 한 사람은 방향타와 씨름하고, 두 명의 남자는 돛을 끌어당겼다. 모두가 제정신이 아니었다. 이 혼란의 와중에 한 사람만은 딴 세상에 있는 것 같았다. 갓난아기를 등에 업은 열여섯 살의 사카자웨아는 요동치는 배 위에서 조용히 균형을 잡고 있었다.

소중한 보급품이 쏟아져 떠내려가기 시작했고, 모두가 겁에 질렸다. 식량, 값비싼 장비, 그리고 무엇보다 '일지'가 떠내려가고 있었다! 이번 여행의 리더인 루이스와 클라크가 자신들의 경이로운 모험에 대해 적어놓은 유일한 기록이 성난 물결 위로 떠내려갔다. 순간, 침착하게 균형을 잡고 있던 사카자웨아가 아기를 등에 업은 채 물속에 뛰어들었다. 배에 타고 있던 남자들 모두 놀라 멍하니 소녀를 바라보기만 했다. 결국 소녀는 소중한 일지를 비롯해 거의 모든 물건을 구해냈다.

그날 사카자웨아는 중요한 화물의 손실을 막았지만 그건 시작일 뿐이었다. 쇼쇼니 부족 출신의 이 소녀는 통역이자 길 안내자,

평화의 상징으로서 루이스와 클라크의 탐험에서 중요한 역할을 해냈다.

　사카자웨아는 1789년 미국 아이다호 근처에서 쇼쇼니 부족의 딸로 태어났다. 11세 무렵 그녀는 다른 부족에게 납치되어 동쪽으로 수백 마일 떨어진 노스다코타주로 끌려갔다. 그곳에서 만단 부족의 노예로 살게 된 것이다. 몇 년 후 그녀는 모피를 파는 일을 하는 프랑스계 캐나다인 '투생 샤르보노'에게 팔렸고, 투생은 사카자웨아를 아내로 삼았다. 그녀는 16세에 아들을 낳았다. 아들 이름은 따로 있었지만 사람들은 모두 '폼프'라고 불렀다. 쇼쇼니 부족의 말로 '남자들의 리더'라는 뜻이다.

　1804년 루이스와 클라크가 지휘하는 탐험대가 만단 부족 마을에 도착했다. 미국의 제퍼슨 대통령이 미시시피주 서쪽을 탐사하도록 명령했기 때문이다. 그들에겐 길 안내와 원주민의 말을 통역해 줄 사람이 필요했다. 루이스와 클라크는 샤르보노를 고용했다. 샤르보노의 원주민 출신 부인 중 한 명을 안내자로 데려가길 원했기 때문이다. 16세의 사카자웨아는 아기부터 챙기고, 자신이 노예로 생활했던 마을을 떠날 준비를 했다. 이제 서쪽, 즉 고향을 향해 가게 될 참이었다.

　길고 힘든 여행 중에 그녀는 탐험대에게 먹을 수 있는 식물을 찾는 법과 그것을 요리하는 방법을 가르쳐 주었다. 덕분에 탐험대는 식량 보급이 끊어졌을 때도 굶주리지 않을 수 있었다. 사카자웨아는 탐험대가 몬태나주 지역을 무사히 통과하도록 안내했다. 만단 부족이나 쇼쇼니 부족을 만났을 때는 통역 역할도 훌륭히 해냈다. 서부 지역 원주민들에게 사카자웨아와 그녀의 아들 폼프는 평화의 상징이었다.

1805년 10월, 탐험대는 여정을 계속하기 위해 말을 구해야 했고, 사카자웨아의 일족인 쇼쇼니 부족이 사는 곳을 찾아가야 했다. 그녀의 어린 시절 기억만이 그들을 인도할 수 있는 유일한 단서였다. 루이스는 일지에 이렇게 썼다.

인디언 여인은 우리의 오른쪽에 위치한 고원을 알아보았다. 그녀가 우리에게 알려준 그 지점은 산맥 너머 서쪽으로 흐르는 강가에 있는 쇼쇼니족의 여름 피서지 근방이라고 한다. 그녀는 이쪽 강가 혹은 강의 발원지 바로 서쪽의 강가에서 그녀의 일족을 보게 될 것이라고 장담했다. 우리는 그 부족 사람들을 한 시라도 빨리 만나길 간절히 바랐다.

정말로 탐험대는 며칠 후 쇼쇼니족을 만날 수 있었다. 쇼쇼니족의 대추장은 탐험대를 환영했다. 그런데 쇼쇼니족 여인 중 하나가 사카자웨아를 알아보았다. 오래전 사카자웨아가 납치될 당시 간신히 포로가 되는 것을 모면했던 여인이었다. 두 여인은 울면서 서로를 끌어안았다. 감동적인 재회였다.

그날 오후 탐험대의 리더와 부족의 추장들이 만나게 되었고, 사카자웨아는 추장의 통역을 맡았다. 회의가 시작되고 얼마 안 있어 갑자기 사카자웨아가 벌떡 일어나더니 대추장을 얼싸안았다. 왠지 낯익어 보였던 대추장이 자신의 오빠였던 것이다!

탐험대는 쇼쇼니족의 손님으로 한 달 동안 극진한 대접을 받았고, 대추장은 그들에게 식량과 말을 제공함은 물론 로키산맥을 넘어가는 길을 자세히 알려주었다. 탐험대는 1805년 11월 무사히 태평양에 도착했다. 그들은 임시로 통나무집을 지어 비가 잦은 겨울을 보낸 다음, 다음해 봄 세인트루이스를 향해 귀로에 올랐다.

탐험대와 동행했던 사카자웨아 가족은 탐험대가 세인트루이스에 도착하기 직전에 자신들의 길을 갔다. 그 후 사카자웨아가 어떻게 살았는지에 대해서는 알려진 바가 없다. 그녀가 20대 초반에 딸을 낳다가 죽었다는 얘기도 있고, 쇼쇼니족에 합류해 거의 100세 가까이 살았다는 얘기도 있다.

사카자웨아의 이야기는 수많은 기념물과 미국 횡단의 역사적 기록물이 되어 불멸의 생명을 얻었다. 미국의 많은 호수, 산, 강, 공원, 걸스카우트 캠프가 그녀의 이름을 따서 명명되었고, 미화 1달러짜리 금화에 그녀의 모습이 새겨지기까지 했다! 사카자웨아의 삶은 용기와 모험을 상징하는 전설이 되었다.

열일곱 살의 소녀, 오를레앙의 성인이 되다

★ 잔 다르크 ★

JEANNE D'ARC

1412~1431년 │ 전사, 성인 │ 프랑스

★

　　　　　　화살과 석궁을 손에 든 잔느는 성의 망루에 올라 적군의 진영을 내려다보았다. 이 용감한 열일곱 살 소녀는 프랑스군을 이끌고 전쟁에 뛰어들 참이었다. 그녀는 이미 어려운 전투에서 승리했고, 지금은 마지막 목표에 집중하고 있다. 바로 프랑스의 오를레앙을 포위하고 있는 영국군을 격퇴시키는 것이다.

　영국군 진영을 향해 화살 하나를 내리쏘는 잔 다르크의 심장이 쿵쿵 뛰었다. 화살에는 종이가 묶여 있었다. '영국군이 오를레앙에서 물러나지 않으면 공격하겠다'라는 잔느의 마지막 경고였다.

　영국군은 거부했고, 잔 다르크는 병사들에게 전투 준비를 시켰다. 다음날 아침, 잔느는 영국군을 급습했다. 잔느는 그 피비린내 나는 전투 중에 부상을 당했지만, 결국 승리할 수 있었다. 1429년 5월 8일, 잔느의 용기와 리더십 덕분에 프랑스군은 5개월간 오를레앙을 포위하고 있던 영국군을 물리쳤다.

　잔느는 1412년 어느 추운 아침, 프랑스의 동레미 마을에서 농부의 딸로 태어났다. 잔느는 신앙심 깊은 소녀였지만 평범한 여인의 삶에 만족하지 못했다. 당시 프랑스는 영국과 백년전쟁을 치르는 중이었고 영국군이 프랑스의 많은 지역을 지배하고 있었다.

백년전쟁을 치르던 1422년 프랑스의 왕 샤를 4세가 세상을 떠났다. 프랑스에서는 왕위 계승자가 '랭스Rheims'란 지역으로 가서 대관식을 하고 새로운 왕으로 즉위해야 한다. 랭스에서 왕관을 쓰지 않으면 왕으로서 정통성을 인정받기 어려웠던 것이다. 하지만 전쟁 중이라 왕세자는 랭스로 갈 수 없었다. 즉 공식적으로 즉위하지 못했다.

열두 살 무렵 잔느는 신의 목소리를 들었다고 한다. 신은 잔느가 위대한 일을 완수하기 위해 선택되었다고 했다. 이후 잔느는 성 미카엘과 성녀 가타리나, 성녀 마르가리타의 비전을 보았다. 잔느가 본 성인과 성녀들은 오를레앙(오를레앙은 랭스로 가는 길 중간에 있다)을 해방시키고, 왕세자를 랭스로 데려가서 대관식을 치르게 하는 것이 잔느의 소명이라고 말했다. 위험한 임무였다.

1429년 잔느는 자신의 소명을 받아들이기로 한다. 열일곱 살의 시골 소녀를 믿고 도와 줄 사람을 구하는 것은 불가능에 가까웠지만, 잔느는 믿기 어려울 정도의 강한 의지와 설득력을 가진 사람이었다. 그녀는 왕세자군의 사령관을 설득해 말과 몇 명의 호위병을 얻은 후 여정을 시작했다. 잔느는 남자처럼 변장하고 왕세자를 만나기 위해 전쟁에 찢긴 프랑스를 가로질러 갔다.

잔느가 도착하자, 왕세자는 성직자와 신학자들을 불러 잔느의 능력을 시험하게 했다. 열일곱 살 소녀가 주장하는 신의 소명을 도저히 믿을 수 없었기 때문이다. 잔느는 모든 사람의 불신을 극복하고 오를레앙을 공격할 수 있는 병력을 하사받았으며, 심지어 지휘관의 호칭까지 받았다!

젊은 지휘관은 전투를 위해 무장했다. 가벼운 갑옷을 입고, 허리에는 칼날에 다섯 개의 십자가가 새겨진 독특한 검을 찼다. 그녀는 비단 테두리가 있는 흰색 깃발을 들었다. 깃발에는 지구를 들고 있는 예수님을 수놓았다. 잔느는 그렇게 군대를 이끌고 오를레앙을 향해 출발했다.

잔느는 몇 차례 전쟁에서 승리했다. 잔느 특유의 감화력과 리더십 덕분에 병사들은 승리하기에 충분한 정신력과 사기를 유지할 수 있었다. 기록은 잔느가 '창을 쓰는 일이며 병사를 집결시키고 위계질서를 잡는 일, 대포를 배치하는 일 등 못 하는 것이 없는 탁월한 전쟁 전문가'였다고 묘사하고 있다.

영국인들은 도망쳤고, 오를레앙의 포위는 풀렸다. 잔느가 본 비전의 앞부분이 현실이 되었다. 프랑스 국민 대부분이 오를레앙의 승리를 기적으로 받아들였다. 오를레앙 전투에서 승리한 후 잔느는 다음 비전을 실현하기 위해 나아갔다. 그 비전은 왕세자를 랭스로 모셔가 대관식을 올리는 일이었다.

다시 한번 설득의 힘을 발휘해 잔느는 왕세자를 그녀의 계획에 따르도록 했다. 그녀는 길을 막는 영국군과 벌인 여러 번의 전투에서 승리했으며 오를레앙과 랭스 사이에 있는 프랑스 마을을 모두 해방시켰다. 왕세자는 안전이 확보된 후에 움직이는 방식으로 1주일 정도 시차를 두고 잔느를 따랐다. 결국 랭스에 도착한 왕세자는 무사히 대관식을 올리고 샤를 7세로 즉위했다. 프랑스가 한 명의 지도자에 의해 통합되는 순간이었다.

1430년 잔느는 아직 남아 있는 또 하나의 위협으로부터 프랑스를 지키려고 몸을 일으켰다. 그 위협이란 부르고뉴군의 공격이었다. 잔느는 용감히 싸웠지만 부르고뉴군에게 사로잡혔다. 부르고뉴군은 잔느를 영국군에게 넘겼고, 복수를 다짐했던 영국군은 그녀를 재판에 회부했다. 남장을 하고 사악한 마법을 썼다는 이유에서였다. 당시 여자가 남장을 하는 것은 기독교 교리에 반하는 범죄로 간주되었다.

영국인들은 프랑스 국민들에게 미치는 잔느의 영향력을 두려워했으며 애초에 공정한 재판을 할 생각이 없었다. 재판 결과 잔느에게 사형이 내려졌다. 1431년 5월 30일, 열아홉 살의 소녀 잔 다르크는 기둥에 묶여 불태워졌다. 사형 집행인은 이후 두려움 속에서 살았다고 이렇게 고백한다.

"나는 성녀聖女를 불태운 죄로 천벌을 받을까 몹시도 두려웠다."

샤를 7세는 용감한 프랑스의 전사를 구하기 위해 아무런 노력도 하지 않았다. 한갓 시골 처녀에 의해 프랑스가 승리했다는 사실을 받아들이기 어려웠기 때문이리라. 잔느가 세상을 떠난 지 20년이 지나서야 샤를 7세는 잔느의 재판을 다시 판결하라고 명령했고, 원래의 판결은 파기되었다. 그 후 다시 500년 가까운 세월이 흐른 뒤, 로마 가톨릭교회는 잔느를 '성인'으로 선포했다.

잔 다르크의 두려움 없는 리더십은 백년전쟁에 큰 영향을 미쳤다. 잔 다르크의 승리는 영국군의 사기를 꺾었고, 프랑스 국민에게 희망의 빛이 되었다. 잔느의 삶은 무수한 예술가, 작가, 음악가, 역사가들의 영감을 자극했다. 그녀는 프랑스의 수호성인으로 기려

····· 지금 세상을 바꾸고 있는 10대 ·····

마이라 아벨라 네베스
Maya Avellar Neves

마이라는 브라질에서 가장 폭력적이고 가난한 동네라고 알려진 히우지자네이루 외곽 지역에서 성장했다. 마약조직과 경찰이 매일 같이 전투를 벌였고, 심할 때는 선생님과 의사조차 마을 안으로 들어올 수 없었다. 열다섯 살 마이라는 수백 명의 어린이와 10대를 모아 단체를 조직하고, 최소한 학교 수업 중에는 폭력 행위를 그칠 것을 요구하는 항의 시위를 벌였다. 2008년 마이라는 국제아동평화상을 수상했고, 국제아동평화상 재단은 마이라가 만든 단체에 10만 달러의 기금을 지원했다.

지고, 그녀가 세상을 떠난 5월 30일은 공휴일로 지정되었다. 19년이라는 짧은 생애였지만, 그녀가 보여 준 영웅적 행동은 수백 년을 넘어 오늘날까지 생생하게 전해지고 있다.

불굴의 의지로 나라를 지킨 소녀 전사

★ 쯩 자매 ★
THE TRUNG SISTERS

14년경~43년 │ 전사, 여왕 │ 베트남

전장으로 가는 코끼리 등에 올라 탄 쯩 자매는 모여 있는 사람들을 바라보았다. 수만 명의 베트남 병사들이 존경심을 담은 눈빛으로 쯩 자매를 우러러보았다. 중국이 베트남을 침략한 이후 150년 동안 그 누구도 중국에 대항해 싸울 엄두조차 내지 못했다. 중국은 거대한 병력과 잘 훈련된 병사, 거기다 강력한 무기를 갖고 있었다.

하지만 이제 베트남 병사들은 중국을 두려워하지 않았다. 자신들은 지금 조국의 해방을 위해 싸우고 있으며, 동양 역사상 가장 위대한 여걸을 따르고 있기 때문이다. 언니인 쯩짝이 검을 치켜들고 복수를 맹세했다.

"무엇보다 먼저 조국의 복수를 하겠다. 홍왕조의 혈통을 복구할 것이며 남편의 죽음에 대해 복수하겠다. 나는 이 세 가지 사명이 이루어질 것을 확신한다."

그녀의 말이 끝나자, 8만여 명의 베트남 병사들이 함성과 함께 전장으로 뛰어들었다.

역사상 전무후무한 전사 자매, 쯩짝과 쯩니는 서기 14년경 북부 베트남의 작은 마을에서 태어났다. 자매의 아버지는 베트남의 강력한 영주였다. 기원전 111년 중국이 베트남을 침공한 이래, 중국은 베트남인을 억압하며 막대한 세금을 거뒀고, 베트남의 고유한 문화와 전통을 말살하려고 했다. 쯩 자매는 베트남 국민들이 가혹하고 불공정한 지배를 받는 것을 보며 자랐다. 자매의 아버지는 일찍 돌아가셨지만, 그녀들은 베트남의 자유를 되찾겠다는 꿈을 한시도 잊은 적이 없었다.

자매의 어머니 '만 티엔'은 강인한 여인이었다. 전통적으로 베트남 여성은 유럽이나 아시아 다른 지역에 비해 많은 권리를 누렸다. 베트남 여성은 재산을 상속받을 수 있었고, 정치 지도자나 판사, 상인, 전사戰士가 될 수 있었다. 하지만 중국이 통치하면서 베트남 여성의 시계는 거꾸로 돌아갔고, 여성의 자유는 박탈당했다.

쯩 자매의 어머니는 중국인 지배자에 맞서 저항했다. 재혼하지 않기로 결심한 그녀는 어린 딸들에게 군사 전략, 무예, 검술, 궁술 등 전쟁 기술을 가르쳤다. 어머니는 조국을 지키기 위해 일어설 날이 다가오고 있음을 알고 있었다.

언니 쯩짝은 10대 소녀일 때, 지역의 젊은 족장인 '티 사익'과 사랑에 빠져 결혼했다. 쯩짝은 남편, 동생과 함께 중국의 지배에 저항했고 나라를 유린하고 있는 침입자를 타도할 계획을 비밀리에 실행에 옮겼다. 쯩짝은 용감하고 두려움을 몰랐다고 전해진다.

쯩 자매는 베트남 귀족들을 설득해 중국과의 전쟁에 참여하도록 설득했다고 전해진다. 이들의 계획을 알게 된 중국 총독은 쯩짝의 남편을 잔인하게 처형했고, 시신을 성문에 매달아 반란 세력에게 경고했다.

하지만 이 일은 역효과를 불러왔다. 쯩 자매는 겁을 먹기는커녕, 중국이 저지른 불의에 분노했고 중국에 맞서 봉기하기로 결정한 것이다. 8만 명의 남녀가 혁명군에 자원했는데 그들 대부분이 20대였다! 쯩짝은 남편을 위해 상복을 입는 것조차 거부했다. 동료 전사들의 사기를 떨어뜨릴까 염려해서였다.

쯩 자매는 자원자 중에서 36명의 여성을 선발하여 군대를 통솔하는 장수로 삼았다. 장수로 선발된 여성 중엔 쯩 자매의 어머니도 있었다. 서기 40년, 중국의 지배를 받은 지 150년 만에 처음으로 쯩 자매는 침입자에 맞서 국민적 저항운동을 일으켰다.

자매의 능력은 훌륭하게 조화를 이루었다. 언니 쯩짝은 전쟁을 총괄하는 전략가였고, 동생 쯩니는 두려움을 모르는 전사였다. 쯩 자매는 제대로 훈련되지도 않은 병력을 이끌고 중국이 점령하고 있던 65개 성을 해방시켰고, 베트남 땅에서 중국인들을 몰아내는 기적을 이루었다. 쯩 자매의 이야기는 순식간에 퍼져 나갔고, 중국의 지도자까지 겁먹게 했다. 역사는 이렇게 기술하고 있다.

'여인이 당당하게 젊은 백성들을 이끌었다. 한漢나라 황제조차 그 여인의 소문을 듣고 두려움에 떨었다.'

이 같은 위업을 이룬 후 쯩 자매는 새로운 나라를 세웠는데, 그 영토는 남부 베트남에서 중국 남부에까지 이르렀다. 쯩 자매가 공동 통치자로 선출되었고, 중국인이 시행하던 불공정한 정책들을 빠르게 개혁했다. 그렇게 3년간 쯩 자매는 중국군에 대항해 싸우면서 새로운 독립 국가인 베트남을 통치했다.

하지만 베트남의 자유는 오래가지 않았다. 중국군은 병력, 무기, 전투 경험 등 거의 모든 면에서 베트남군보다 우위에 있었다. 서기 43년의 전투가 쯩 자매의 마지막 전투였다. 현재의 하노이 근방에서 벌어진 전투에서 수천 명의 베트남 병사가 전사했고 만 명 이상이 포로가 되었다. 쯩 자매는 항복해 패배를 인정하기보다 스스로 목숨을 끊는 결단을 했다.

그 후 950년 동안, 쯩 자매의 전설은 베트남인들이 외세에 저항할 수 있는 힘과 용기가 되었다. 놀랍게도 중국의 통치를 받았던 암흑시대에 일어난 많은 봉기가 여성이 주도한 것이었다! 쯩 자매의 이야기는 세대에서 세대로 전해졌고 오늘날에는 여신처럼 숭배되기에 이르렀다.

오늘날의 베트남 사람들도 여전히 쯩 자매를 기린다. 이야기, 시, 연극, 포스터, 기념비, 우표에 등장해서 베트남인들을 격려하고 있는 것이다. 베트남의 수도인 호치민시에는 쯩 자매의 이름을 딴 길이 있고, 하노이의 '하이바(두 자매란 뜻) 탑'을 비롯해 쯩 자매를 기리는 신성한 사원들이 있다. 베트남 정부는 쯩 자매를 국민

영웅으로 선포했고 매년 5월 '하이바 쯩의 날'에는 전 국민이 자매의 희생과 용기를 기린다.

150년 동안 베트남에서는 그 누구도 중국에 저항할 생각을 하지 못했다. 쯩 자매가 봉기한 후에야 베트남 사람들은 자유를 위해 싸우기 시작했다. 병사들은 자매가 힘을 줄 것이라 믿으며 쯩 자매의 초상화를 가슴에 품고 전장에 뛰어들었다. 자매 덕분에 베트남은 여성 전사의 오랜 역사를 갖게 되었다. 베트남 국민들은 쯩 자매가 없었더라면 오늘날의 베트남도 없었을 것이라 믿고 있다.

파라오가 된 소녀, 백성의 사랑을 한 몸에 받다

★ 하트셉수트 ★
HATSHEPSUT

기원전 1508~1458년 │ 파라오 │ 이집트

★

태양이 내리쬐는 광장은 발 디딜 틈이 없었다. 지금 이집트 백성들은 무언가를 기다리고 있었다. 드디어 나팔 소리가 울려 퍼지고 노예들이 장막을 걷었다. 그들 앞에 돌로 만들어진 기념비가 드러났다. 앞줄에 서 있는 사람들은 기념비에 새겨진 모습을 보기 위해 눈을 부릅떴다.

기념비를 본 사람들은 큰 충격을 받았고, 뒷줄에 있는 사람들에게 자신이 본 것을 전하느라 웅성거렸다. 충격적인 소식은 물결처럼 퍼져나가 이내 모든 사람이 돌에 새겨진 놀라운 내용을 알게 되었다.

이전의 기념비에서는 하트셉수트가 남편의 뒤에 서 있거나 양아들 옆에 서 있었다. 즉 왕비 역할에 어울리는 모습이었다. 그런데 지금 사람들이 보고 있는 새로운 조각에서는 하트셉수트가 온전히 홀로 서 있었다. 더욱 충격적인 것은 하트셉수트가 입고 있는 옷이었다. 대담하게도 그녀는 남자 복장, 다시 말해 파라오의 복장을 하고 있었다!

이게 도대체 무슨 일인가? 백성들에게 여성 파라오는 처음이었다. 그러면 하트셉수트 왕비는 왜 양자를 들였을까? 양아들이 파라오가 되는 게 아니란 말인가? 백성들은 신들이 이 일을 좋아하지 않을 것이라고 믿었다. 우주의 질서가 교란된다고 생각했던 것이다.

어느 날 갑자기 파라오가 된 이 여인은 투트모스 1세의 맏딸로 태어났다. 그녀의 유일한 형제인 여동생이 어려서 죽은 후로는 파라오의 외동딸로 자랐다. 하트셉수트 가문이 권력을 잡기 전에 이집트는 분열되어 있었고, 간간이 외세의 지배를 받기도 했다. 수세대에 걸쳐 하트셉수트 일족은 분열된 이집트를 통일하기 위해 노력했다. 결국 그녀의 아버지가 이집트 통일의 위업을 달성했고, 그가 통치하는 기간 동안 이집트는 번영을 이루었다. 하트셉수트의 아버지인 투트모스 1세는 절대 권력을 가졌으면서도 이집트 백성들의 존경과 사랑을 받았다.

이집트 왕족은 왕가의 혈통을 지키기 위해 대부분 형제끼리 결혼했다. 하트셉수트도 예외가 아니었다. 부왕이 세상을 떠나자, 열두 살의 하트셉수트는 이복 오빠인 투트모스 2세와 결혼했다. 당시 대부분의 이집트 소녀들은 열두 살쯤에 결혼을 했다.

자연스럽게 이복 오빠가 왕이 되고, 하트셉수트는 그의 왕비가되었다. 얼마 안 있어 그녀는 딸, 네페루리 공주를 낳았다. 이 시기의 조각물을 보면 그녀는 왕비 복장을 하고 남편 뒤에 서 있다.

역사학자들에 따르면, 투트모스 2세는 허약하고 병치레가 잦아서 실질적으로 하트셉수트 왕비가 이집트를 통치했다고 한다. 결국 투트모스 2세는 젊은 나이에 세상을 떠났고 이집트 왕실의 관례에 따라 다른 왕비(후궁)가 낳은 투트모스 2세의 아들이 왕위를 계승했다. 투트모스 3세였다. 그러나 투트모스 3세는 고작 다섯 살이었다. 당시 열다섯 살이었던 하트셉수트는 투트모스 3세의 후견인이 되었다. 이 시기의 조각에서 하트셉수트는 양아들 옆에 서 있는 모습으로 등장한다. 그녀는 투트모스 3세가 혼자 힘으로 통치할 수 있을 때까지, 공동 통치자의 역할을 하기로 되어 있었다. 하지만 하트셉수트에게는 자기만의 계획이 있었다.

하트셉수트는 이집트에서 여성이 가질 수 있는 최고의 지위에 도달했지만, 더 많은 것을 원했다. 그녀는 스스로에게 파라오의 칭호를 내렸다. 즉 왕이 되었던 것이다! 왕비와 파라오의 지위에는 엄청난 차이가 있다.

왕비는 파라오의 동료에 불과했다. 왕비는 자신의 이름으로 불리지 못했으며 평생 남자와의 관계에 따라 호칭이 정해졌다. '왕의 딸' 아니면 '왕의 정실부인' 같은 식이었다. 반면 파라오는 의심할 바 없이 이집트 왕국 안의 모든 땅과 백성의 지배자이자 주인이었다. 파라오가 원하기만 하면 언제라도 백성들에게 피라미드나 사원을 건축하라고 명할 수 있었다.

파라오는 세금 징수, 비상시를 대비한 식량 비축, 운하와 건축물 시공, 법령을 유지하는 책임을 갖고 있었다. 군의 수장으로서 전쟁을 계획할 수 있었고, 개인 권한으로 병사들을 전투에 투입할 수도 있었다.

중요한 것은 이집트 백성들이 파라오를 신성한 존재, 즉 이 땅에 신의 뜻을 전하러 온 사자로 믿었다는 점이다. 파라오는 백성을 대표하여 신과 직접 소통하는 존재였고, 이집트의 번영을 보장하고 재앙으로부터 백성을 지켜 주는 이였다. 고대 이집트인들은 파라오가 없으면 자신들이 생존할 수 없다고 믿었다.

하트셉수트는 여성이 파라오가 되면 백성들이 충격을 받으리란 점을 잘 알고 있었다. 이집트 사람들은 '마아트'라는 우주의 질서를 믿고 있었는데, 여성 파라오는 그 질서를 깨뜨리는 존재였다. 하트셉수트는 백성들이 좀 더 자연스럽게 느낄 수 있도록 자신의 모습을 바꿔 나갔다.

새로운 기념비 속에서 하트셉수트는 남자 옷을 입고 가짜 턱수염을 붙인 모습이었다. 백성들은 그녀가 여자인 줄 알고 있었지만, 이런 이미지를 통해 그녀가 파라오의 역할을 할 능력이 있다고 믿게 되었다. 파라오에겐 여러 가지 의례를 수행하기 위해 왕비가 필요했기 때문에, 하트셉수트는 한 번 더 관행을 깨고 자신의 딸 네페루리에게 왕비의 칭호를 내렸다.

이집트와 같은 남성 우월 사회에서, 백성들이 하트셉수트를 신성한 지배자로 받아들인 것은 매우 드문 일이었다. 투트모스 3세가 성인이 된 후에도 이집트 백성들은 하트셉수트를 자신들의 파라오로 여겼고, 그 결과 그녀의 통치는 20년 넘게 지속되었다! 당시 이집트인의 평균 수명이 약 30세였다는 사실을 생각하면 20년이란 통치 기간은 놀라운 일이 아닐 수 없다.

하트셉수트가 통치한 영토는 아프리카 북동부로부터 아라비아 반도, 오늘날의 시리아에 이른다. 그녀는 평화를 중시했으며 국가의 안정과 번영을 위해 애썼다. 먼 나라에 상단을 파견해 무역을 했으며, 장엄한 건축물들을 건립했다. 그녀는 쇠락한 사원을 복구하는 일에 많은 공을 들였고(3,500년 전에도 이집트에 있는 건축물 중엔 이미 수천 년 묵은 것들이 많았다), 수백 개의 성지聖地와 기념비, 조각상을 조성했다.

하트셉수트가 자신의 사후를 위해 나일강변에 건축한 장제전葬祭殿인 '다이르알바리'는 역사상 가장 아름다운 건축물 중 하나로 꼽힌다. 하트셉수트는 나이가 들어 통치가 어려워지자 장성한 양아들에게 파라오 자리를 물려 주었다. 투트모스 3세는 양어머니가 훌륭하게 닦아 놓은 길을 계승했고, 백성들의 사랑을 받는 성공적인 파라오가 되었다.

하트셉수트는 50을 바라보는 나이에 세상을 떠났다. 당시의 이집트인 평균 수명보다 20년 가까이 더 산 셈이다. 그녀는 장엄하고도 아름다운 묘지 '다이르알바리'에 묻혔다. 평생 고정관념을 파괴하는 삶을 살았던 여성에게 어울리는 마지막 모습이었다.

하트셉수트는 고대 이집트의 위대한 지배자 중 한 명이었다. 그녀의 통치는 클레오파트라, 투탕카문 왕, 네페르티티 여왕보다 더 강력했고 성공적이었다. 하지만 오늘날 그녀에 관해 알려진 것은 매우 적다. 그녀의 사후에 누군가가 그녀와 관련된 모든 기록을 말살했기 때문이다. 그녀를 본뜬 조각상은 산산이 부서졌고, 벽에 새겨진 그녀의 모습은 도려내졌다. 초상화는 불태워졌고, 하트셉수트라는 이름은 파라오의 목록에서 삭제되었으며, 그녀의 미라도 사라졌다. 그녀의 영광을 증명할 다이르알바리의 장엄한 사원조차 산사태 아래 묻혀 버리고 말았다.

누군가 그녀를 아예 존재한 적이 없었던 사람으로 만들고 싶어한 것이 분명하지만, 이 문제는 여전히 큰 수수께끼로 남아 있다. 그러나 하트셉수트의 통치를 지워버리려는 악의적인 시도에도 불구하고 전설은 사라지지 않았다.

1,800년대 후반 고고학자들은 하트셉수트의 사원을 찾아냈으며, 새로 새겨진 글자 밑에 남아 있던 그녀의 이름을 추적했다. 그렇게 흩어져 있던 역사의 조각들을 모으자 하트셉수트가 이집트 역사상 가장 영향력 있는 여성이었음이 밝혀졌다. 2007년 그녀의 미라도 발견되었다.

하트셉수트는 자신의 자리를 되찾게 되었고, 인습과 고정관념에 저항한 그녀의 독특한 생애는 오늘날에 이르기까지 고고학자들을 매혹시키고 있다.

★옮긴이의 말★

　이 책의 주인공들은 각자 완전히 다른 방식으로 세상을 바꾸었
지만, 그들에게는 몇 가지 공통점이 있었다. 가난, 교육 부족, 가족
의 반목, 성차별적인 사회, 억압하는 정부, 자기 불신 등의 장애를
극복하고 자신의 꿈을 실현했다는 사실이다. 이 책의 주인공 누구
도 쉬운 길을 가지 않았지만 결코 포기하지 않았다.

　옮기는 내내 즐거움과 가벼운 흥분을 느꼈다. 그전까지 잘 모르
던, 혹은 이름 정도나 알고 있었던 여성들의 인생으로 깊숙이 들어
가, 그들과 시대와 지역을 초월한 대화를 나눌 수 있었기 때문이
다. 그들의 인생 역정을 큰 과장 없이 담담하게 그려냄으로써 오히
려 더 큰 감동의 공간이 확보된 탓이기도 하리라. 이 책은 기존의

위인전과는 여러모로 다르다. 그 다른 점을 중심으로 이 책의 장점을 얘기해 보기로 하겠다.

첫째, 인물들이 아주 다양한 분야에 걸쳐 있다.

3,500년 전의 인물부터 동시대를 살아가는 사람까지, 천차만별의 배경에서 태어나 나름의 성취를 이룬 여성들이 주인공이다. 이 책엔 영농 기업가, 패션 디자이너, 발명가, 고고학자, 수녀, 가수, 바이올리니스트, 배우, 시인, 소설가, 화가, 조각가, 건축가, 노예 해방 운동가, 시민운동가, 여성 참정권 운동가, 전투기 조종사까지 등장한다. 물론 기존 위인전의 단골 분야인 정치인, 과학자, 예술가들도 당연히 포함돼 있다. 지금 이 땅의 아이들은 마음대로 꿈도 꾸지 못하고 무한 경쟁에 내몰리고 있다. 자신의 꿈조차 스펙의 일부로 정리해야 하는 청소년들에게 다양한 분야에서 성취가 가능하다는 사례를 보여주는 것만으로도 '숨 쉴 여지가 조금은 생기지 않을까' 하는 바람을 갖게 된다.

둘째, 여성만을 다루고 있다는 것 자체가 매력적이다.

저자의 말마따나 역사상 유명한 사람 이름을 대 보라고 하면, 대부분 남자의 이름을 더 많이 생각해 낼 것이다. 옮긴이 역시 그랬다. 최근까지도 여성이 정치, 사회적으로 충분한 권리를 누리지 못했음은 누구나 알고 있는 사실이다. 일부 세계에선 아직도 그러하다. 남성보다 더 많은 억압과 도전을 이겨내고 성취를 이룬 여성들의 삶은 그 자체로 감동적이다. 그런 인생 이야기들이 존재했다는 것만으로도 세상을 살아갈 용기와 격려, 위안을 얻게 된다.

셋째, 다양한 인생 이야기를 10대 중심으로 정리했다.

이 책의 주인공들은 모두 스무 살이 되기 전에 중요한 성취를 이루었다. 많은 위인전이 일대기를 다룸으로써 성취의 대부분을 이룬 인생 후반전에 집중하는 경향이 있지만, 이 책은 정반대다. 그런 성취의 씨앗이 어떻게 뿌려졌고 어떤 토양에서 어떻게 자라게 되었는지에 집중한다. 위대한 인물 이야기 중 10대에 스포트라이트를 비춘 책은 없었다. 10대 청소년들이 충분히 공감대를 형성하며 읽을 수 있는 드문 책이다.

넷째, 모든 10대들에게 지금 당장 시작할 수 있다고 격려한다.

이 책엔 세상을 바꾼 위대한 인물 이야기뿐 아니라, 지금 현재 세상을 바꾸고 있는 10대들 이야기도 수록되어 있다. 적은 비용으로 물의 오염도를 측정하는 방법을 개발한 리 보인튼, 부모가 없는 아이들이 자립할 수 있도록 돕는 네아 굽타, 난민에게 출생증명서를 만들어주는 일을 하는 프란시아 사이먼 등이 대표적 사례다. 그들은 어떤 일을 성취하기 위해 어른이 될 때까지 기다릴 필요가 없음을 확신하게 한다.

다섯째, 엄마와 딸이 함께 읽을 수 있다.

이 책은 청소년뿐 아니라 부모가 읽어도 충분히 흥미롭다. 엄마와 딸이 함께 책을 읽고, 주인공의 인생 각각에 대해 얘기하며 즐거운 시간을 보낼 수도 있겠다. 위인에 대한 존경심을 불러일으키려는 작위적 과장이 없는 탓에, 고리타분한 위인전에 질린 청소년에게도 부담이 없을 것이라 생각한다.

세상을 바꾼다는 것이 꼭 유명해지거나 엄청난 부자가 되는 것을 뜻하지는 않는다. 스스로 선택하고, 세상의 잣대에 순응하지 않으며, 사람들의 마음과 생각을 바꾸고, 세상에 도움이 되는 일을 한다면 그것이 바로 세상을 바꾸는 일이다. 이 책을 통해 청소년들이 자신만의 독립적인 삶, 자신의 전부를 던질 수 있는 열정적인 삶을 선택한다면 옮긴이로서 더없는 기쁨일 것이다.

◇ 당신은 언제나 옳습니다. 그대의 삶을 응원합니다. – **라의눈 출판그룹**

세상을 바꾼 위대한 10대들 | 여자 청소년 편

초판 1쇄 | 2025년 3월 4일

지은이 | 미셸 로엠 매칸, 아멜리 웰든   옮긴이 | 장은재
펴낸이 | 설웅도   편집주간 | 안은주
영업책임 | 민경업   디자인 | 박성진

펴낸곳 | 라의눈

출판등록 | 2014년 1월 13일(제2019-000228호)
주소 | 서울시 강남구 테헤란로78길 14-12(대치동) 동영빌딩 4층
전화 | 02-466-1283   팩스 | 02-466-1301

문의(e-mail)
편집 | editor@eyeofra.co.kr
영업마케팅 | marketing@eyeofra.co.kr
경영지원 | management@eyeofra.co.kr

ISBN : 979-11-92151-99-1 44190
       979-11-92151-97-7 44190(세트)